Han Kang

Un voyage littéraire dans la mémoire, le traumatisme et la résistance

GEW Sciences Humaines

Global East-West

Droits d'auteur © 2025 par GEW Sciences humaines

Collection: Littératures du monde. Préface de Hichem Karoui.

Global East-West.

Tous droits réservés. Aucune partie de ce livre ne peut être reproduite de quelque manière que ce soit sans autorisation écrite, sauf dans le cas de brèves citations incorporées dans des articles critiques et des comptes rendus.

Première impression, 2025.

Dans la même collection

Déjà parus (2025)

- La comédie humaine de balzac: Le génie derrière les pages.

- Naguib Mahfouz: Chroniques d'un rêve du Caire.

- L'odyssée littéraire de Mo Yan: Chuchotements de Chandong.

- Labyrinthes de l'infini: La vie et l'univers littéraire de Jorge Luis Borges.

- Les nombreuses vies de Lawrence Durrell: Exil, amour et littérature.

- Gabriel García Márquez: Chroniqueur des enchantements et des réalités.

- Han Kang : un voyage littéraire dans la mémoire, le traumatisme et la résistance.

Table

Préface de Hichem Karoui — 1
La voix unique de Han Kang dans la littérature contemporaine

1. Introduction — 15
   La résonance du monde littéraire de Han Kang

2. Les premières années — 27
   Grandir à Gwangju

3. Influences formatrices — 40
   La famille et l'ombre de l'histoire

4. Percée littéraire — 55
   « La végétarienne » et la reconnaissance mondiale

5. Une plongée en profondeur dans « La végétarienne » — 70
   Thèmes et impact

6. Affronter l'histoire — 84
   Les actes humains et le soulèvement de Gwangju

7. Explorer le traumatisme — 98
   Techniques narratives dans les actes humains

8. Deuil, perte et mortalité — 113
   Déballer le livre blanc

9. Le motif de la couleur	128
Le symbolisme dans Le Livre blanc	
10. Le corps comme champ de bataille	143
Pouvoir et résistance dans les écrits de Kang	
11. Langue et mémoire	158
L'élaboration d'une prose poétique	
12. La contribution de Kang à la renaissance littéraire sud-coréenne	173
13. Développer l'empathie par la littérature	186
La narration éthique de Kang	
14. La mécanique de la fiction psychologique et allégorique	203
15. Entretiens et réflexions personnelles	220
Aperçu du processus de Han Kang	
16. Au-delà des frontières	236
Han Kang sur la scène mondiale	
17. Conclusion	252
L'héritage de Han Kang et l'avenir de son influence littéraire	
Bibliographie sélective	267

Préface de Hichem Karoui

La voix unique de Han Kang dans la littérature contemporaine

Dans la littérature actuelle, peu d'écrivains, ont, comme Han Kang, une voix unique et forte. Ses livres vont à l'encontre des styles de narration traditionnels et explorent les couches profondes de la vie humaine, en se concentrant souvent sur des idées telles que le traumatisme, l'identité et la nature délicate de l'être. L'écriture de Mme Kang brille par son expression poétique et ses réflexions philosophiques profondes, qui incitent les lecteurs à réfléchir non seulement aux histoires, mais aussi aux sentiments plus profonds et aux défis existentiels qu'elles soulèvent. Avec un langage créatif et une réalité apparente, elle explore les aspects problématiques de la vie, offrant une expérience de lecture percutante. L'objectif de cette préface est de montrer que les œuvres littéraires de Han Kang reflètent le climat social et politique de son pays d'origine, la Corée du Sud, tout en ayant une portée universelle, ce qui la positionne comme une figure importante dans l'évolution de la littérature contemporaine.

Aperçu de l'importance littéraire de Han Kang

L'importance de Han Kang dans la littérature ne se limite pas à son style d'écriture captivant ; elle traite également de thèmes qui ont un lien puissant avec la société d'aujourd'hui. Dans ses œuvres, Han Kang explore les détails de l'identité, des traumatismes et de l'expérience humaine, qui sont particulièrement pertinents compte tenu de l'histoire difficile de la Corée du Sud d'aujourd'hui. Chaque histoire, empreinte d'une grande richesse émotionnelle, reflète les difficultés auxquelles les gens sont confrontés dans un monde en mutation rapide, ce qui rend ses livres compréhensibles pour un large public. En outre, sa méthode unique qui consiste à mélanger les genres, à modifier les formes typiques des mémoires et à utiliser des récits fragmentés témoigne d'un style moderne qui remet en question les idées courantes sur la vérité en matière d'identité et d'appartenance (Wills et al., 2015). L'accent mis par Han Kang sur les voix non entendues, similaire à la représentation détaillée des travailleurs migrants dans les films (Kim et al., 2017), souligne son importance dans l'évolution de la conversation sur l'identité multiculturelle dans la littérature. Han Kang n'est donc pas seulement un écrivain, mais aussi un commentateur culturel important.

Comprendre les thèmes et les styles de ses œuvres

L'extraordinaire voix de Han Kang révèle un lien profond avec les idées d'identité, de traumatisme et d'expérience humaine, habilement illustré par son style. Ses histoires remettent souvent en question la narration quotidienne en utilisant des structures brisées qui reflètent la dislocation ressentie par ses personnages. Cette approche lui permet de représenter des identités et des sentiments complexes, en particulier dans des œuvres comme La végétarienne, où le changement du personnage principal symbolise le rejet de la société et la liberté personnelle. À l'instar des récits de vie transnationaux, les histoires de Kang rompent avec les styles traditionnels des mémoires, illustrant les identités mixtes et les luttes qui en découlent (Wills et al., 2015). En outre, ses écrits soulignent l'importance des relations dans la gestion des traumatismes et de la résilience, créant un sentiment de connexion qui touche une corde sensible chez les lecteurs. Cette méthode distincte permet un examen approfondi de l'authenticité et de l'appartenance dans la littérature moderne, soulignant les défis du soi dans un monde souvent fragmenté.

Exploration de l'identité

L'étude de l'identité dans les écrits de Han Kang est étroitement liée aux facteurs culturels et sociaux importants qui influencent la vie des gens. Han Kang explore la façon dont l'identité évolue dans un environnement en mutation rapide en examinant comment les personnages font face à leurs propres opinions et aux exigences extérieures de la société. Cette idée est conforme à ce que montre KoCoNovel, qui souligne que la langue et la culture jouent un rôle important dans les liens entre les personnages, ce qui implique que les positions sociales et les liens familiaux façonnent l'identité en plus des histoires personnelles (Kim et al., 2024). En outre, les différents points de vue sur les textes littéraires au fil du temps, comme l'analyse de Chen Xiaoming du roman de Yu Hua, soulignent que les identités personnelles peuvent changer en fonction de l'évolution des circonstances sociétales (Wedell-Wedellsborg et al., 2021). Par conséquent, la voix distincte de Kang offre un regard profond sur l'identité, montrant qu'elle est toujours adaptée aux défis des relations et des contextes culturels.

L'impact des traumatismes personnels et collectifs sur l'identité

Les traumatismes personnels et collectifs sont étroitement liés et jouent un rôle important dans la formation de l'identité, un sujet exploré dans l'œuvre de Han Kang. Dans ses histoires touchantes, les personnages sont confrontés à des blessures passées comme des fantômes qui interfèrent avec leur vie actuelle, ce qui montre que les vieux problèmes peuvent affecter l'esprit des individus. Les films sud-coréens utilisent également ce traumatisme historique lié à des événements tels que le colonialisme japonais pour créer des histoires qui aident les gens à faire face au passé ; le fait de revenir sur le traumatisme aide à comprendre et à guérir (Bevan et al., 2018). Ce lien illustre l'idée coréenne du han, qui désigne l'accumulation d'émotions dues à des souffrances passées ayant un impact sur l'identité nationale et l'art (Kim SSHC, 2017). Par conséquent, la voix distinctive de Kang met en évidence la façon dont les traumatismes personnels et collectifs s'unissent, formant des identités qui portent la douleur historique et recherchent une résolution.

Le rôle du patrimoine culturel dans la formation des personnages

L'héritage culturel joue un rôle essentiel dans la littérature moderne, car il influe sur leurs identités, leurs croyances et leurs actions. Dans les œuvres de Han Kang, les personnages sont souvent étroitement liés à leurs origines culturelles, ce qui montre la complexité de la société coréenne. Ce lien entre l'héritage et l'expérience personnelle est évident lorsqu'on examine comment les valeurs sociétales et les histoires traditionnelles influencent les choix des personnages et les défis moraux qu'ils doivent relever. Par exemple, alors que l'éducation musicale taïwanaise met l'accent sur les valeurs indigènes pour combler les fossés culturels, les histoires de Kang soulignent l'importance de connaître ses racines au milieu des problèmes modernes (Ho et al., 2006). En outre, la résurgence de thèmes culturels traditionnels dans le langage politique, comme l'adoption des valeurs confucéennes par le gouvernement chinois, montre que les leçons du passé continuent de façonner les règles sociales et les identités personnelles. Dans cette perspective, la voix distinctive de Kang apparaît comme une représentation forte de l'influence durable de l'héritage culturel sur le développement du caractère.

Utilisation de la langue et du style

La voix de Han Kang dans la littérature moderne est unique parce qu'elle utilise le style et la langue d'une manière nouvelle qui montre les difficultés de l'identité et du traumatisme. Son écriture va souvent au-delà des méthodes de narration habituelles, utilisant des structures brisées pour créer un sentiment de distance, à l'instar de l'expérience de son personnage. Par exemple, tout comme de nombreux auteurs asiatiques adoptés mélangent leurs diverses identités en utilisant des formes mixtes dans leurs mémoires, l'œuvre de Kang a un style qui mélange la fiction et la réalité (Wills et al., 2015). Elle combine habilement des descriptions poétiques et des images fortes, mettant les lecteurs face à de dures vérités sur la vie et la douleur, tout comme les arts traditionnels coréens du XXe siècle ont été modifiés par les influences occidentales (Kim et al., 2010). En fusionnant ainsi le langage et la forme, Han Kang remet en question la narration traditionnelle et encourage les lecteurs à s'interroger plus profondément sur ce que signifie être humain.

La qualité poétique de la prose de Han Kang

La nature poétique de son écriture est importante pour son style narratif unique. Elle lui permet d'aborder avec une profonde sensibilité des questions complexes telles que les traumatismes, l'identité et l'expérience humaine. Son travail, en particulier dans Le livre blanc, utilise une imagerie forte qui combine le physique et l'abstrait, encourageant les lecteurs à ressentir la profondeur émotionnelle de ses histoires. Le thème de la couleur blanche illustre la manière dont elle peut donner à une simple image une signification plus profonde, en abordant les thèmes de la perte, du changement et de la féminité. Cette méthode est conforme aux idées présentées dans (Judd et al., 2020), qui montrent que l'accent mis par Kang sur le corps et la maternité crée une manière unique de représenter le traumatisme. En outre, comme mentionné dans (Davis et al., 2022), sa narration est liée à des thèmes plus larges de l'histoire et de l'identité, ajoutant de la richesse à la littérature moderne grâce à une perspective poétique qui rappelle des souvenirs partagés.

L'utilisation de récits fragmentés pour transmettre des émotions complexes

Les récits fragmentés sont un outil puissant dans la littérature d'aujourd'hui, en particulier dans les œuvres de Han Kang, qui montrent efficacement la nature complexe des émotions humaines. En brisant la narration linéaire, Han Kang permet aux lecteurs de ressentir les émotions déconnectées de ses personnages, montrant ainsi la complexité des traumatismes, de la mémoire et de l'identité. Ce style d'écriture est lié à l'idée de sentiments mineurs, décrite par Cathy Park Hong, qui capture les émotions désagréables liées aux expériences raciales quotidiennes et à la difficulté d'être reconnu dans la société (Kim et al., 2022). De même, les récits fragmentés reflètent les thèmes abordés dans les discussions féministes transnationales qui examinent en détail les expériences des femmes marginalisées et mettent l'accent sur leurs luttes mondiales (Lee et al., 2010). Par conséquent, la structure créative de Kang approfondit les émotions de ses personnages et place leurs expériences dans le cadre de questions sociales et politiques plus générales, ce qui rend sa voix particulièrement significative dans la littérature actuelle.

Thèmes de la violence et de la souffrance

Dans les écrits de Han Kang, les thèmes de la violence et de la souffrance sont constamment liés, illustrant les troubles profonds des structures sociétales. L'histoire de « La végétarienne » met en lumière l'expérience de Yeong-hye, dont la décision de devenir végétarienne symbolise un défi majeur contre une société patriarcale qui considère son autodétermination comme de la folie plutôt que comme une véritable expression de sa liberté. Ce conflit représente la souffrance silencieuse des femmes limitées par des règles sociétales strictes, comme nous l'avons vu dans l'analyse des principaux thèmes du roman (Tabor et al., 2024). En outre, les effets plus larges de la violence dans ses œuvres reflètent les échos de l'histoire coloniale de la Corée, où la souffrance est souvent perçue comme étant à la fois individuelle et collective. L'étude de ces thèmes s'inscrit dans le cadre d'une conversation plus large sur les traumatismes, en les reliant à des liens émotionnels permanents avec la violence historique, comme le montre l'étude du cinéma postcolonial (Jinsoo et al.). Par sa voix distincte, Kang dépasse les limites de la narration, incitant à une réflexion sur les luttes en cours.

La représentation de la violence physique et psychologique

La manière dont Han Kang décrit la violence physique et psychologique dans son œuvre offre un point de vue crucial pour examiner la nature complexe de la vie et des relations humaines. Dans La végétarienne, le refus de Yeong-hye, le personnage principal, de suivre les règles de la société ne consiste pas seulement à défier l'autorité, mais ouvre également la porte à un examen approfondi de la violence qui se cache dans la vie quotidienne et les liens familiaux. Cette distance émotionnelle s'accroît au fil de ses relations avec les membres de sa famille, montrant la douleur causée par les malentendus et les attentes sociales. En outre, l'histoire utilise des techniques de narration spéciales pour explorer l'essence de la vie humaine, en mettant l'accent sur les interactions avec les autres pour découvrir l'éventail des souffrances et des crises d'identité. Dans ce contexte, la voix distinctive de Kang exprime avec force les détails de la violence, poussant les lecteurs à faire face aux véritables défis des expériences humaines physiques et psychologiques (MENKUS et al., 2018), (Chakraborty et al., 2023).

L'exploration de la souffrance comme moyen de connexion et de compréhension

Dans les écrits de Han Kang, la souffrance est essentielle pour créer de l'empathie et des liens entre les personnages, montrant à quel point les relations humaines peuvent être compliquées. Le personnage principal de *La végétarienne*, Yeong-hye, représente cette idée à travers son expérience changeante, qui remet en question les normes sociales et encourage les lecteurs à réfléchir à leur propre point de vue sur la souffrance et l'identité. L'histoire combine habilement les thèmes de l'animal et de la plante, ce qui implique que la souffrance peut aider les gens à se comprendre eux-mêmes et les autres à travers les différentes espèces. Au fur et à mesure que l'intrigue progresse, il devient évident que les relations entre les personnages sont empreintes de tension et d'incertitude, reflétant les effets plus larges de la douleur et de la lutte partagées dans des contextes culturels divers. D'autres œuvres, comme He is on Duty, renforcent cette idée, en remettant en question les conceptions traditionnelles de l'identité et en soulignant les défis que représente le fait de vivre ensemble face à la souffrance (Kim et al., 2017).

Conclusion

En conclusion, la façon particulière qu'a Han Kang d'écrire dans la littérature moderne va au-delà de la simple narration d'histoires pour susciter des réflexions profondes sur l'identité, la vie et les idées sociales qui influencent les expériences humaines. Ses livres abordent les défis de la vie dans une société diversifiée, incitant les lecteurs à repenser leur propre perception et celle des autres. Cela correspond à ce qui est noté dans (Kim et al., 2017), où la représentation mixte des difficultés des immigrants montre la nature complexe de l'identité dans un cadre social plus large. De même, le conflit entre les expériences personnelles et partagées que l'on retrouve dans les récits d'aujourd'hui est lié aux thèmes mentionnés dans (LIN et al., 1998), soulignant les aspects complexes du genre et de l'identité nationale. En fin de compte, l'œuvre de Kang est une discussion importante qui relie les défis personnels et collectifs, et laisse son point de vue unique remettre en question les croyances communes tout en stimulant la pensée critique chez les lecteurs. Son écriture encourage les lecteurs à plonger dans l'expérience humaine, favorisant une compréhension plus profonde de la faiblesse et de la force.

Résumé des contributions de Han Kang à la littérature contemporaine

Han Kang a réalisé un travail important dans la littérature moderne, en particulier dans ses études sur l'identité, les traumatismes et l'être humain. Ses livres, comme La végétarienne et Actes humains, remettent en question les histoires traditionnelles en apportant une voix nouvelle qui rejoint les défis auxquels sont confrontées les personnes marginalisées. En mêlant expériences personnelles et partagées, Kang encourage les lecteurs à considérer la nature complexe de la société coréenne historique et moderne. Ses écrits examinent en détail les relations humaines et les attentes de la société, comme le montrent les interactions entre les personnages de ses récits. L'importance de son œuvre est encore soulignée par des études actuelles telles que KoCoNovel, qui mettent en évidence la subtilité de la représentation des personnages et la complexité des textes littéraires, renforçant ainsi l'influence de Kang sur le style narratif et la richesse thématique (Kim et al., 2017 ; Kim et al., 2024). Grâce à ses récits puissants, Han Kang a véritablement changé le paysage de la littérature moderne.

Réflexion sur l'impact durable de sa voix unique sur les lecteurs et les écrivains

Lorsque l'on réfléchit aux effets durables de la voix unique de Han Kang, il est clair que sa façon de raconter des histoires touche profondément les lecteurs et les écrivains. Han Kang sait construire des scènes émotionnelles complexes et aborder des sujets tels que les traumatismes, l'identité et l'humanité, ce qui encourage les lecteurs à s'engager dans ses livres. En abordant habilement les difficultés de la vie, elle prend le contre-pied de la narration traditionnelle, mêlant souvent la réalité à des thèmes existentiels. Cette méthode originale suscite l'intérêt du public et incite d'autres écrivains à explorer leur propre style, créant ainsi une conversation littéraire plus riche. En essayant de donner un sens à ses écrits, les lecteurs sont amenés à réfléchir à leur propre vie et aux systèmes de la société, ce qui conduit à une compréhension commune qui dépasse les cultures. Par conséquent, la voix de Han Kang joue toujours un rôle clé dans la conception de la littérature moderne et influence ceux qui la lisent.

Enfin, une brève mention de l'ouvrage actuel de cette prestigieuse collection, pour lequel j'ai l'insigne privilège de rédiger une préface : « Littératures du monde ».

Cet ouvrage examine la vie, les influences et l'œuvre de Kang, dévoilant aux lecteurs un aperçu intime d'un artiste dont l'écriture transcende les frontières culturelles et linguistiques. Les prémices de l'œuvre de Kang sont indubitablement influencées par le soulèvement de Gwangju (1980), un massacre étatique ayant marqué l'histoire de sa famille et, par la suite, son imagination littéraire. Son père, le romancier Han Seung-won, lui a inculqué le respect de la narration, tandis que le traumatisme collectif de Gwangju, exploré explicitement dans son roman Human Acts (2014), est devenu une lentille récurrente à travers laquelle il examine le pouvoir, la mémoire et la résistance. Son déménagement à Séoul pour étudier la littérature coréenne à l'université Yonsei a contribué à l'affinement de son art, marquant une fusion entre la prose lyrique et l'interrogation existentielle.En outre, la biographie de Kang se situe dans le contexte plus large de la renaissance littéraire de la Corée du Sud, mettant en lumière son rôle dans l'émergence de la littérature coréenne sur la scène mondiale. Les entretiens, les essais et les anecdotes personnelles mettent en lumière une écrivaine profondément attachée à l'éthique de la narration.La réticence de Kang à revendiquer une autorité sur la souffrance d'autrui, évidente dans ses recherches méticuleuses pour Human Acts, souligne sa conviction que la littérature est un vecteur d'empathie plutôt que d'exploitation. L'œuvre de Kang s'inscrit dans une démarche d'héritage, comme l'illustre la conclusion de son livre, qui invite le lecteur à confronter des vérités inconfortables sur l'action, la complicité et la condition humaine. Ses romans ne sont pas de simples narrations, mais des expériences viscérales, des invitations à habiter les fractures de l'existence et, peut-être, à y trouver la lumière.

Le public cible de cet ouvrage est large : il s'adresse à la fois aux lecteurs passionnés de littérature et aux chercheurs en sciences humaines, offrant un regard critique sur les méthodes narratives et les fondements philosophiques de l'autrice. Cette œuvre, qui allie avec brio biographie et critique littéraire, se présente comme un guide définitif de l'univers de Han Kang, un monde où la souffrance et le salut sont éternellement liés.

H.K., Le Sud de la France, février 2025.

Références

An, Jinsoo (2025). Parameters of Disavowal. https://core.ac.uk/download/334588613.pdf

Bevan, Jake (2018). Trauma, Modernity and Hauntings: The Legacy of Japanese Colonialism in Contemporary South Korean Cinema. https://core.ac.uk/download/158372694.pdf

Chakraborty, Ayush, M, Jagadish Babu (2023). Experiencing the 'Other': An Ethical and Ontological Inquiry into the Characterization of Yeong-hye in Han Kang's La végétarienne . https://core.ac.uk/download/578784379.pdf

Davis, Rocio G. (2022). Relative Histories. https://core.ac.uk/download/534903084.pdf

Ho, Wai-Chung (2006). The Politics of Implementing Local Cultures in Music Education in Taiwan. https://core.ac.uk/download/270048182.pdf

Judd, Ruby. (2020). Wit(h)nessing trauma in Han Kang's Le livre blanc (2016). https://core.ac.uk/download/389490083.pdf

KANG, Zeyu (2020). Quoting the Classics: An Alternative Reinforcement of Regime Legitimacy in China. https://core.ac.uk/download/322565645.pdf

Kim, Kyuhee, Lee, Sangah, Lee, Surin (2024). KoCoNovel: Annotated Dataset of Character Coreference in Korean Novels. http://arxiv.org/abs/2404.01140

Kim, Kyubin (2022). Minor, Ugly, and Meta: Feelings in Contemporary Korean American Literature. https://core.ac.uk/download/519800150.pdf

Kim, Min Sue (2010). A Study and Performance Analysis of Selected Art Songs by Un-Yeong Na. https://core.ac.uk/download/230478380.pdf

Kim, Sandra So Hee Chi (2017). Korean Han and the Postcolonial Afterlives of "The Beauty of Sorrow". https://core.ac.uk/download/147828545.pdf

Kim, Sina (2017). Who are the Real Insiders? Ambivalent Dynamics between a Korean Man and Immigrant Labourers in 'He's on Duty'. https://core.ac.uk/download/213629394.pdf

Lee, Sohyun (2010). IDENTITIES OF DISPLACEMENT: Women, Home, and Transnational Visual Culture. https://core.ac.uk/download/213391428.pdf

LIN, Li Chun, Sylvia (1998). Unwelcome heroines: Mao Dun and Yu Dafu's creations of a new Chinese woman. https://commons.ln.edu.hk/cgi/viewcontent.cgi?article=1016&context=jmlc

MENKUS, Wei (2018). Lost at home: Jia Zhangke's journey toward modernity. https://commons.ln.edu.hk/cgi/viewcontent.cgi?article=1311&context=jmlc

Tabor, Dominika (2024). More Than Just Surviving: Rebellion Against Patriarchy in the English Translation of Han Kang's La végétarienne . https://core.ac.uk/download/617687253.pdf

Wedell-Wedellsborg, Anne (2021). Reading Memories in the Drizzle. https://core.ac.uk/download/483390577.pdf

Wills, Jenny Heijun (2015). Fictional and Fragmented Truths in Korean Adoptee Life Writing. https://core.ac.uk/download/70419814.pdf

1

Introduction

La résonance du monde littéraire de Han Kang

Vignette d'ouverture : une rencontre avec l'univers de Han Kang

Dans les recoins faiblement éclairés d'une bibliothèque de Séoul, une lectrice est plongée dans les pages du livre La végétarienne de Han Kang, ses yeux parcourant les mots profonds qui la transportent dans un monde où la réalité et l'imagination s'entrechoquent. L'air est empli d'une révérence feutrée tandis que chaque page tournée résonne comme un murmure dans la pièce, portant le poids de l'univers littéraire de Kang. Grâce à la prose habile de l'auteur, le lecteur est emporté dans les paysages envoûtants de Gwangju et ressent la tension palpable des bouleversements historiques qui se juxtaposent aux émotions humaines délicates. Au fil du récit, le lecteur se retrouve imbriqué dans une tapisserie de thèmes qui parlent de l'expérience humaine universelle : l'amour, la perte, l'identité et les profondeurs énigmatiques de la psyché humaine. La résonance du monde de Kang se répercute dans la bibliothèque, attirant diverses âmes dans son étreinte avec un attrait irrésistible. C'est dans cet univers fascinant que les lecteurs rencontrent la beauté profonde et les vérités troublantes tissées par Han Kang, qui les poussent à confronter leurs propres réalités et perceptions. Cette rencontre laisse une empreinte indélébile dans la conscience du lecteur, suscitant un désir fervent d'approfondir la vaste étendue du paysage littéraire de Han Kang, désireux de percer l'énigme de ses créations.

Objectif et portée de l'introduction

L'objectif de cette introduction est de fournir aux lecteurs une vue d'ensemble de l'univers littéraire de Han Kang, en les engageant dans une exploration nuancée de ses œuvres et de leur signification plus large dans le domaine de la littérature contemporaine. Elle vise également à jeter les bases d'une compréhension approfondie des écrits de Han Kang, en approfondissant les fondements thématiques et conceptuels qui définissent ses récits. Cette section vise à offrir un cadre permettant aux lecteurs de comprendre et d'interpréter les multiples nuances présentes dans l'ensemble de l'œuvre de Kang, ainsi que le contexte culturel et historique qui sous-tend ses récits. En élucidant d'emblée la portée de cette exploration, les lecteurs sont invités à s'embarquer pour un voyage littéraire qui ne se contente pas de présenter une analyse des textes individuels de Kang, mais qui les situe également dans le paysage plus large de la littérature mondiale. L'introduction vise également à orienter les lecteurs vers une exploration holistique de la résonance littéraire de Kang, en s'intéressant à ses représentations du traumatisme, de l'histoire et de l'expérience humaine. En outre, ce segment sert de point d'entrée aux lecteurs pour s'engager dans une réflexion critique sur les thèmes interconnectés qui traversent l'écriture de Kang, permettant une appréciation plus approfondie de son impact profond en tant que figure littéraire. À travers cette introduction, les lecteurs sont invités à se plonger dans les complexités et le pouvoir émotionnel de l'œuvre littéraire de Kang, préparant ainsi le terrain pour les chapitres suivants qui décortiqueront et analyseront les riches couches de sa production créative.

Encadrer le récit : comprendre la résonance littéraire

La résonance littéraire fait référence à l'impact profond et durable de l'œuvre d'un écrivain sur les lecteurs, les sociétés et le paysage littéraire dans son ensemble. Dans le contexte de l'univers littéraire de Han Kang, ce concept prend une dimension particulièrement riche et multiforme. Alors que nous nous lançons dans l'exploration de l'œuvre de Kang, il est impératif d'étudier la manière dont ses récits trouvent un écho auprès du public à l'échelle universelle.

Pour comprendre la résonance littéraire, il faut reconnaître que la narration est une impulsion humaine ancienne et universelle. Les histoires ont le pouvoir de transcender le temps, la culture et la langue ; elles résonnent au-delà des générations et des frontières géographiques. Les prouesses narratives de Han Kang résident dans sa capacité à puiser dans cette source primitive de l'expression humaine, en créant des histoires qui possèdent une qualité intemporelle et transcendante.

En outre, la résonance de l'univers littéraire de Kang est étroitement liée à son engagement intrépide sur des thèmes qui touchent au cœur de l'existence humaine. Qu'il s'agisse de plonger dans les profondeurs du traumatisme, d'explorer les complexités de l'identité ou de s'attaquer aux marques indélébiles laissées par l'histoire, les récits de Kang s'attaquent aux aspects fondamentaux de l'expérience humaine. Ce faisant, elle crée des récits aux implications émotionnelles, psychologiques et philosophiques profondes, qui invitent ses lecteurs à une introspection et à une empathie profondes.

En outre, la résonance de l'univers littéraire de Kang dépasse les limites des récits individuels ; elle englobe son rôle de commentatrice culturelle et sociétale. À travers ses écrits, Kang agit comme une chroniqueuse perspicace de la condition humaine, offrant des observations astucieuses sur les complexités de la société contemporaine, les héritages historiques et les blessures persistantes du passé. Ses récits sont autant de miroirs qui invitent les lecteurs à se confronter à des vérités gênantes, à examiner les injustices de la société et à contempler la tapisserie complexe des relations humaines.

Pour comprendre la résonance littéraire des œuvres de Han Kang, il faut aussi considérer la manière dont ses récits créent des dialogues avec d'autres œuvres littéraires, tant à l'intérieur qu'à l'extérieur du canon littéraire coréen. La capacité de Han Kang à entrelacer des récits locaux avec des thèmes universels témoigne de l'attrait et de l'importance de ses contributions littéraires. Les conversations suscitées par ses œuvres dépassent les frontières nationales, favorisant un discours mondial sur les aspects communs des expériences humaines et l'universalité de la narration elle-même.

Le contexte historique et son influence sur les œuvres de Han Kang

Les œuvres littéraires de Han Kang sont étroitement liées au contexte historique de la Corée du Sud, en particulier aux événements turbulents qui ont façonné l'identité de la nation. L'impact des traumatismes historiques, des bouleversements politiques et des transformations sociales se répercute dans ses récits et y laisse une marque indélébile. Le soulèvement de Gwangju en 1980, épisode tragique au cours duquel le gouvernement a brutalement réprimé les manifestations en faveur de la démocratie, entraînant de lourdes pertes en vies humaines et d'immenses souffrances, est l'un des événements marquants qui jette une ombre profonde sur les œuvres de Kang. Ce sombre chapitre de l'histoire sud-coréenne sert de pierre angulaire thématique dans le roman acclamé de Kang, Actes humains, qui explore les profondes cicatrices laissées par la violence de l'État et la résistance durable de l'esprit humain dans l'adversité. En outre, l'héritage persistant de la domination coloniale du Japon et les conséquences de la guerre de Corée imprègnent la conscience collective des personnages de ses histoires, façonnant leurs perspectives et leurs luttes internes. La conscience qu'a Mme Kang de ces blessures historiques lui permet de saisir les nuances des expériences humaines dans un paysage sociopolitique plus large, ce qui apporte de la profondeur et de l'émotion à ses récits. Ses œuvres résonnent également avec les changements sociétaux et les processus de modernisation qu'a connus la Corée du Sud dans la seconde moitié du XXe siècle, en explorant les complexités de l'identité, de l'aliénation et des quêtes existentielles dans un monde en mutation rapide. En ancrant ses récits dans le tissu historique de la Corée du Sud, Kang dresse un portrait convaincant des héritages durables des traumatismes et de l'interaction entre les vies personnelles et l'histoire nationale. Grâce à sa prose évocatrice, elle invite les lecteurs à se confronter aux complexités du passé et à contempler l'impact profond des forces historiques sur les destins individuels. Comprendre le contexte historique des œuvres de Kang n'enrichit pas seulement l'expérience de lecture, mais souligne également l'importance de ses contributions littéraires dans le reflet et l'interprétation de l'identité culturelle de son pays d'origine.

Thématique explorée : les motifs principaux et les symboles récurrents

En élargissant le champ de cette exploration, il est impératif d'approfondir les éléments thématiques qui constituent l'essence de l'univers littéraire de Han Kang. Une analyse approfondie de son œuvre fait apparaître des schémas discernables, révélant une préoccupation profondément enracinée pour certains motifs centraux et symboles récurrents. Les œuvres de Kang sont tissées de riches tapisseries de signification, chaque motif et symbole servant de lentille à travers laquelle les lecteurs peuvent glaner des idées profondes sur l'expérience humaine et l'existence.

Au cœur des récits de Kang se trouve une fascination constante pour le corps et ses implications sur la psyché. Le corps, dans ses différents états de vulnérabilité et de transformation, apparaît comme un motif central dans son écriture, servant de lieu pour sonder les thèmes de l'identité, de l'action et du lien intrinsèque entre physicalité et émotion. Ce fil thématique, étroitement imbriqué dans la trame de ses récits, invite les lecteurs à contempler les complexités de l'incarnation et l'impact profond des expériences corporelles sur la conscience individuelle.

En outre, des symboles récurrents, tels que le monde naturel, en particulier la flore et la faune, apparaissent comme des signifiants évocateurs dans les œuvres de Kang, assumant des rôles à multiples facettes qui transcendent la simple allégorie. Ces symboles, qu'ils soient dépeints comme des manifestations de résilience, de fragilité ou de la nature cyclique de la vie, imprègnent ses récits d'une puissante résonance symbolique, invitant les lecteurs à s'engager dans une contemplation introspective et un dialogue interprétatif. En tissant méticuleusement ces éléments récurrents dans le paysage thématique de ses compositions littéraires, Kang démontre son habileté à insuffler à ses récits des couches de sens et de profondeur, transcendant ainsi le superficiel et entrant en résonance avec les lecteurs à un niveau profond et existentiel.

En outre, l'exploration de la dynamique familiale et des relations interpersonnelles constitue le fondement de l'architecture thématique de Kang, encapsulant les complexités du lien humain, de l'éloignement et de l'influence durable de l'histoire personnelle. Ces explorations nuancées soulignent les complexités relationnelles qui sous-tendent les expériences de ses personnages, en mettant en lumière la façon dont l'identité individuelle est irrévocablement entrelacée avec les contextes communautaires et familiaux dans lesquels elle est forgée.

En découvrant ces motifs fondamentaux et ces symboles récurrents dans l'ensemble de l'œuvre de Kang, les lecteurs sont invités à prendre part à un voyage transformateur, qui transcende les limites de la simple narration et entre dans le domaine d'une profonde recherche philosophique. Il est donc évident que la richesse thématique et la profondeur symbolique du corpus littéraire de Han Kang offrent un terrain fertile à l'introspection, à l'interprétation et à l'engagement intellectuel, élevant ses récits au rang de repères littéraires durables.

Le pouvoir du silence et de l'absence

Les prouesses littéraires de Han Kang sont intimement liées au pouvoir du silence et de l'absence, enveloppant ses récits d'un profond sentiment de mystère et d'introspection. Dans la tapisserie de ses œuvres, ce qui reste inexprimé a souvent autant d'importance que les mots sur la page. Ce choix délibéré d'imprégner sa narration de quiétude et de lacunes en dit long sur son approche nuancée de la composition. Les vides qu'elle crée dans le paysage narratif servent de terrain fertile à l'imagination et à l'interprétation des lecteurs, suscitant un engagement immersif qui transcende le mot écrit. Par cette omission intentionnelle, Kang remet en question les normes littéraires conventionnelles en invitant son public à participer activement à la cocréation du sens. C'est dans ces silences et ces absences que réside la véritable essence de sa narration, invitant les lecteurs à entrer dans les profondeurs de la contemplation et de la résonance émotionnelle.

Acclamation critique et perspectives académiques

Les œuvres littéraires de Han Kang sont largement saluées par la critique et ont fait l'objet d'études et d'analyses dans les milieux universitaires. La profondeur et la complexité de ses récits, associées à une manipulation habile de la langue et de la forme, ont fait de Han Kang une figure éminente de la littérature contemporaine. Cette section examine les multiples facettes de la réception critique et de l'engagement universitaire à l'égard de l'œuvre de Han Kang.

Acclamation critique : l'impact de Han Kang sur le paysage littéraire peut être mesuré à l'aune des accolades et de la reconnaissance dont ses œuvres ont fait l'objet. Qu'il s'agisse du prix international Man Booker pour « La végétarienne» ou de sa nomination parmi les « Global Thinkers » du magazine Foreign Policy, la présence de Han Kang sur la scène internationale a été reconnue de manière retentissante. Les critiques ont salué sa capacité à écrire des histoires qui ont une résonance universelle tout en abordant des thèmes profondément personnels et souvent dérangeants. L'exploration de la psyché humaine, des traumatismes et des constructions sociétales dans ses œuvres a captivé les lecteurs et les universitaires.

Perspectives académiques : outre l'engouement du public, l'œuvre de Han Kang a suscité des interrogations rigoureuses de la part des chercheurs dans toutes les disciplines. Des universitaires issus de domaines tels que la littérature, les études culturelles, la psychologie et les études de genre ont disséqué les écrits de Han Kang pour en démêler les couches nuancées de sens et de signification. Dans une optique féministe, les chercheurs ont examiné la représentation des personnages féminins et la subversion des rôles traditionnels dans ses récits. En outre, l'interaction de l'histoire et de la mémoire, en particulier en relation avec le soulèvement de Gwangju, a suscité des discussions perspicaces sur la façon dont Kang utilise les événements historiques comme toile de fond pour ses récits poignants.

Positionnement mondial : L'analyse comparative des œuvres de Kang dans le contexte plus large de la littérature mondiale a révélé l'attrait transculturel de ses récits. Les chercheurs ont examiné de près le mélange distinct de sensibilités coréennes et de thèmes universels dans ses écrits, en réfléchissant à la manière dont ils se croisent avec les traditions littéraires d'autres cultures. En outre, les traductions de Kang dans de nombreuses langues ont facilité le dialogue interculturel et permis d'enrichir la compréhension de la littérature coréenne sur la scène mondiale. Cette section propose une exploration critique de la façon dont l'art de conter de Kang transcende les frontières géographiques et trouve un écho auprès de divers publics dans le monde entier.

Analyse comparative : positionner Kang dans la littérature mondiale

Les œuvres de Han Kang ont été largement acclamées et l'ont positionnée comme une figure importante du paysage littéraire mondial. Une analyse comparative de son style d'écriture, de la profondeur de ses thèmes et de son impact peut mettre en lumière sa position unique au sein de la littérature contemporaine. Juxtaposée à des auteurs internationaux de renom tels que Haruki Murakami, Chimamanda Ngozi Adichie et Jhumpa Lahiri, la voix narrative distinctive de Kang apparaît comme une fusion de spécificités culturelles et de résonances universelles. Sa description des relations interpersonnelles, de la dynamique familiale et des luttes sociétales résonne profondément au-delà des frontières culturelles, invitant à des comparaisons avec les récits nuancés d'Adichie et de Lahiri. En outre, l'exploration par Kang de thèmes existentiels et de la psyché humaine présente des parallèles avec les éléments introspectifs et métaphysiques présents dans les œuvres de Murakami. Cependant, ce qui distingue Kang, c'est son engagement sans faille à affronter les traumatismes historiques et leur impact durable sur les vies individuelles, reflétant les approches de ses homologues internationaux tout en s'en distinguant.

L'engagement du lecteur : l'impact émotionnel des récits

Le pouvoir de résonance des récits de Han Kang réside dans leur capacité à induire un profond impact émotionnel sur les lecteurs. En se plongeant dans ses œuvres, il devient évident que Han Kang possède une maîtrise inégalée dans l'évocation d'un éventail d'émotions à travers ses récits. Qu'il s'agisse de l'imagerie viscérale de « La végétarienne » ou de la représentation obsédante de traumatismes historiques dans « Actes humains », Kang tisse de manière complexe des éléments qui résonnent avec les lecteurs à un niveau émotionnel profond.

Les récits de Mme Kang plongent souvent dans les complexités de l'expérience humaine, mettant en lumière les émotions brutes et complexes qui définissent notre existence. En explorant des thèmes tels que la perte, le traumatisme et la résilience, elle invite les lecteurs à s'aventurer au plus profond de leurs propres émotions, les entraînant dans un voyage immersif et introspectif. Sa prose dégage une clarté poignante qui permet aux lecteurs d'éprouver de l'empathie pour les personnages et de tisser des liens qui transcendent les frontières de la fiction.

En outre, la subtilité et la retenue narratives de Kang amplifient l'impact émotionnel de ses œuvres. En laissant certains éléments dans l'ombre et en laissant le silence imprégner sa prose, elle oblige les lecteurs à s'interroger sur les non-dits, créant ainsi une atmosphère où les émotions se répercutent dans les espaces non exprimés. Cette approche unique favorise un profond sentiment d'intimité entre le lecteur et le récit, ce qui se traduit par une résonance émotionnelle qui persiste longtemps après que la dernière page a été tournée.

Enfin, les récits de Kang possèdent une qualité universelle qui transcende les frontières culturelles et géographiques, et trouvent un écho auprès de lecteurs d'horizons divers. Bien qu'enracinés dans l'expérience coréenne, ses thèmes de la souffrance humaine, de l'oppression sociétale et de la quête de l'autonomie individuelle sont universellement racontables. Cette universalité permet aux lecteurs de trouver des échos à leurs propres expériences dans les récits de Kang, ce qui favorise un lien émotionnel profond qui transcende les spécificités culturelles.

L'impact émotionnel des récits de Han Kang découle essentiellement de sa capacité à mettre en lumière les subtilités profondes de la condition humaine, invitant les lecteurs à traverser les paysages émotionnels de ses histoires. Grâce à son talent de conteuse, Han Kang crée un espace d'introspection, d'empathie et de résonance émotionnelle, garantissant ainsi que ses récits laissent une marque indélébile dans le cœur et l'esprit des lecteurs.

Naviguer dans ce paysage littéraire

Alors que nous traçons notre route dans le paysage littéraire fascinant de Han Kang, il est impératif de reconnaître la topographie variée de ses récits. Dans les prochains chapitres, nous approfondirons les moments cruciaux et les courants thématiques sous-jacents qui définissent l'œuvre de Han Kang. Nous commencerons par démêler la tapisserie énigmatique de ses premières années et les influences formatrices qui ont façonné l'écrivain. Nous naviguerons sur le terrain émotionnel du deuil, de la perte et de la mortalité dans Le Livre blanc, en analysant l'impact profond de ces motifs sur les personnages et les lecteurs. Enfin, nous explorerons les fondements historiques qui sous-tendent les œuvres de Kang, en particulier le soulèvement de Gwangju, et son influence omniprésente sur ses récits.

Notre expédition nous mènera ensuite au cœur thématique de l'écriture de Kang, où nous examinerons le motif de la couleur comme symbole de transition et de transformation. Le corps en tant que champ de bataille et la représentation nuancée de la dynamique du pouvoir seront les points centraux de l'exploration de la résistance et de l'action de Kang. Enfin, nous nous aventurerons dans les méandres du langage et de la mémoire, en découvrant l'impact profond de sa prose poétique sur la psyché du lecteur. En revisitant ses romans acclamés, « La végétarienne» et « Actes humains », nous examinerons de près les techniques narratives employées par Kang, en élucidant les mécanismes de la fiction psychologique et allégorique.

Tout au long de notre expédition, nous mettrons en lumière la narration éthique de Kang, en soulignant sa contribution à la renaissance littéraire sud-coréenne et sa proéminence mondiale. Grâce à des réflexions personnelles et à des entretiens, nous obtiendrons des informations précieuses sur le processus créatif de Kang, ce qui enrichira notre compréhension de son œuvre littéraire. Enfin, nous nous interrogerons sur l'avenir de l'héritage de Kang et sur l'influence durable de son œuvre sur le paysage littéraire. Cette vue d'ensemble ouvre la voie à une exploration enrichissante de l'univers littéraire de Han Kang, qui sera marquée par la découverte intellectuelle et la résonance émotionnelle.

2

Les premières années

Grandir à Gwangju

Un contexte historique : Gwangju pendant la jeunesse de Kang

À la fin du XXè siècle, Gwangju a connu, pendant la jeunesse de Kang, une période importante de l'histoire de la Corée du Sud, marquée par des dynamiques politiques et sociales qui ont eu des répercussions au-delà de ses frontières. Située dans le sud-ouest du pays, la ville a joué un rôle central dans le mouvement pro-démocratique contre le régime autoritaire qui a englouti la Corée du Sud à cette époque.

Le soulèvement de Gwangju de mai 1980 est un moment déterminant dans l'histoire de la ville et dans la mémoire collective. C'était une période de fervent activisme et de résistance contre le régime oppressif, qui s'est soldée par un affrontement tragique entre les citoyens et les forces militaires. Les conséquences de ce soulèvement ont laissé une empreinte indélébile sur le tissu social et la conscience des habitants de Gwangju, leur insufflant un esprit de résilience et un engagement à défendre les idéaux démocratiques.

C'est dans cet environnement tumultueux que Han Kang a vécu ses années de formation, sans aucun doute façonnées par l'atmosphère de dissidence qui régnait et les aspirations au changement de la société. La tension palpable et l'esprit de défi sous-jacent à Gwangju ont imprégné la vie quotidienne de ses habitants, exposant Han Kang à la complexité des luttes de pouvoir et à l'aspiration à la justice et à la liberté.

En outre, les répercussions du soulèvement de Gwangju se sont répercutées dans toute la Corée du Sud, suscitant des conversations plus larges sur la gouvernance, les libertés civiles et la lutte pour une société équitable. Les événements de Gwangju sont devenus emblématiques de la lutte pour la démocratie en Corée du Sud, incarnant la ténacité et le courage d'individus unis dans leur quête d'une nation plus juste et plus inclusive.

De plus, l'éducation de Han Kang à Gwangju a coïncidé avec une période charnière de l'histoire de la Corée du Sud, caractérisée par de profonds bouleversements sociaux et une évolution dynamique de la conscience collective. Les expériences qu'elle a vécues dans ce milieu chargé ont inévitablement imprégné sa vision du monde et, par la suite, ses expressions littéraires, ce qui atteste de l'impact profond des contextes historiques sur la formation des sensibilités artistiques et des inclinations créatives.

Le milieu culturel : la Corée du Sud à la fin du XXè siècle

À la fin du XXè siècle, la Corée du Sud a connu une transformation spectaculaire sur les plans sociopolitique et culturel. La nation est passée de l'après-guerre à une puissance économique, favorisant les progrès technologiques rapides et le développement urbain tout en naviguant dans l'interaction complexe entre tradition et modernisation. Cette période a marqué une renaissance de la littérature, de l'art et du cinéma coréens, qui ont cherché à saisir les changements et les dissonances de la société. Après des décennies de bouleversements politiques et de divisions, le pays a vu naître une nouvelle génération confrontée aux conséquences d'une industrialisation rapide et à la quête de la démocratie. C'est au sein de cette tapisserie complexe de changements que les sensibilités littéraires de Han Kang ont été nourries. L'évolution de l'identité culturelle de la Corée du Sud a influencé son exploration des histoires individuelles et collectives, des paysages psychologiques et de l'interaction entre les désirs personnels et les attentes de la société. La tension palpable entre la tradition et le progrès, le poids de l'histoire et la recherche de l'expression personnelle au milieu des pressions sociales ont profondément influencé les années de formation de Kang et contribué à la profondeur thématique de ses œuvres ultérieures. À cette époque, la société sud-coréenne se modernisait, remettant en question les normes conventionnelles et ouvrant la voie à un paysage culturel plus diversifié et plus inclusif. L'expérience de Kang dans ce milieu dynamique lui a donné un point de vue unique pour observer les fissures et les ruptures qui définissaient la conscience nationale, offrant ainsi une toile de fond inestimable pour comprendre les complexités nuancées qui traversent ses récits. Cette période a non seulement jeté les bases de la narration empathique de Kang, mais elle a également semé les graines de l'examen poignant de l'identité, de la mémoire et de la condition humaine qui allait définir son œuvre littéraire. L'étude du milieu culturel de la Corée du Sud à la fin du XXè siècle révèle donc une riche tapisserie d'influences qui sous-tendent la profonde compréhension de l'expérience humaine de Han Kang et son habileté à naviguer dans la conscience collective.

Racines familiales et environnement social

Les années de formation de Han Kang ont été profondément imbriquées dans la riche tapisserie du tissu social de la Corée du Sud, particulièrement enracinées dans la dynamique familiale et l'environnement social. Le réseau complexe de traditions, de coutumes et de valeurs familiales a fourni le cadre à travers lequel Kang a perçu le monde qui l'entourait. Au sein de la cellule familiale, l'interaction entre la sagesse générationnelle et les aspirations contemporaines a jeté les bases de sa sensibilité littéraire naissante. L'environnement social plus large, marqué par l'évolution inébranlable de la Corée du Sud vers la modernité, a également constitué une toile de fond déterminante qui a façonné la compréhension qu'avait Kang de l'identité, de la communauté et de la condition humaine. La dualité de la tradition et du progrès a marqué les expériences quotidiennes de l'éducation de Kang, imprimant une marque indélébile sur sa conscience artistique et ses inclinations narratives. L'équilibre délicat entre l'hommage à l'héritage ancestral et l'acceptation du changement a imprégné les interactions et les rituels quotidiens au sein des sphères familiales et communautaires. C'est dans cet amalgame de tradition et de transformation que les facultés d'observation et les intuitions empathiques de Kang ont commencé à prendre forme. Les flux et les reflux de la dynamique sociétale, les tensions entre l'ancien et le nouveau et la résistance durable des liens humains ont servi à la fois de catalyseurs et de canaux pour la curiosité littéraire naissante du jeune Kang. Grâce à des récits familiaux poignants et à l'analyse nuancée des paradigmes sociétaux, la tapisserie littéraire de Kang a trouvé ses premiers fils, tissés à partir du tissu même de ses racines familiales et de l'écosystème social au sens large.

Éducation précoce et exposition à la littérature

L'éducation précoce et l'exposition à la littérature ont joué un rôle déterminant dans la formation de la sensibilité littéraire de Han Kang. Gwangju, connue pour son histoire tumultueuse et son sens aigu de la communauté, a constitué la toile de fond sur laquelle la curiosité intellectuelle et les instincts créatifs de Han Kang ont commencé à s'épanouir. Le paysage éducatif de Gwangju pendant la jeunesse de Kang reflétait la dynamique sociale et politique de la Corée du Sud à la fin du XXè siècle, caractérisée par une modernisation et une évolution culturelle rapides. Les rencontres de Kang avec la littérature n'étaient pas confinées au seul cadre structuré de la salle de classe ; elles étaient au contraire imbriquées dans le tissu de la vie quotidienne, s'infiltrant dans les traditions familiales de narration, le folklore local et la riche tapisserie des récits historiques qui résonnaient dans les rues de la ville. C'est dans ce milieu que la fascination de Kang pour la narration a pris racine, se manifestant par un appétit insatiable pour les récits qui parlent de la complexité de l'expérience humaine. Les éducateurs qui ont reconnu le potentiel littéraire de Kang et lui ont servi de mentors ont alimenté sa passion pour l'exploration des mots écrits. À travers un éventail éclectique d'œuvres littéraires, allant de la poésie coréenne classique aux chefs-d'œuvre de la littérature internationale, Kang a entrepris un voyage de découverte, rencontrant des voix et des perspectives diverses qui ont trouvé un écho profond dans sa conscience créative naissante. Cette exposition à un large éventail de genres et de styles littéraires a inculqué à Kang une profonde appréciation du pouvoir de transformation du langage et de la narration, jetant ainsi les bases de ses futurs efforts en tant qu'écrivain. En outre, l'environnement propice à l'expression artistique au sein de la scène culturelle dynamique de Gwangju a imprégné Kang d'un sentiment de responsabilité à l'égard de l'exploitation de l'écrit comme moyen de traiter les dilemmes sociétaux et de plaider en faveur de l'empathie et de la compréhension. En substance, les influences fondamentales de l'éducation précoce de Kang et son exposition à la littérature ont préparé le terrain pour son émergence en tant que conteuse déterminée à explorer les complexités de l'existence humaine tout en naviguant dans les contours en constante évolution de la société sud-coréenne.

L'influence de Gwangju sur les jeunes esprits

La ville de Gwangju, avec sa riche tapisserie historique et son rôle central dans l'évolution sociopolitique de la Corée, a exercé une profonde influence sur le jeune Han Kang et sur d'innombrables autres jeunes qui ont atteint l'âge adulte à cette époque. L'héritage du défi et de la résilience de Gwangju à la suite du soulèvement démocratique du 18 mai 1980 a imprégné la conscience collective, suscitant un puissant sentiment d'identité communautaire et d'empathie chez Han Kang et ses pairs. L'esprit de protestation, gravé dans le paysage même de la ville, a favorisé une prise de conscience aiguë de la justice sociale et une appréciation profonde du pouvoir de l'action individuelle et collective.

Dans ce contexte, les années de formation de Kang et de ses contemporains ont été imprégnées d'une sensibilité accrue aux nuances de la dynamique du pouvoir, de l'activisme et de la lutte pour les droits de l'homme. L'histoire tumultueuse de Gwangju a laissé une empreinte indélébile, façonnant le compas moral et les paysages idéologiques de ces jeunes esprits. L'éthique de la résistance et de la solidarité cultivée à Gwangju a résonné profondément avec les aspirations littéraires naissantes de Kang, lui inculquant l'engagement d'amplifier les voix marginalisées et de confronter les récits d'effacement et d'oppression.

En outre, le milieu culturel de Gwangju a déployé un tableau complexe d'expressions artistiques et d'effervescence intellectuelle, offrant un terrain fertile à la créativité et à l'introspection. L'interaction dynamique entre tradition et modernité, telle qu'elle se manifeste sur la scène artistique et culturelle de Gwangju, a catalysé un sens naissant de la recherche esthétique et de la critique sociétale chez les jeunes de la ville. Cet environnement a engendré une interrogation soutenue sur l'identité, la mémoire et l'interaction entre les récits personnels et la conscience collective au sens large, nourrissant les préoccupations thématiques qui se cristalliseront plus tard dans l'œuvre littéraire de Kang.

L'influence de Gwangju s'est étendue au-delà du domaine des prises de conscience sociopolitiques, imprégnant les expériences quotidiennes et les réflexions intimes de ses jeunes habitants. Les rituels et rythmes quotidiens de la vie à Gwangju étaient imprégnés d'un courant sous-jacent de résilience et d'ingéniosité, favorisant une profonde tolérance à l'ambiguïté, qui se manifestera par la suite dans les explorations nuancées de Kang sur les traumatismes, les pertes et les subtilités de l'expérience vécue.

Par essence, le rôle de Gwangju en tant que creuset de bouleversements sociopolitiques et d'expression créative a imprégné Kang et ses pairs d'un mélange d'idéalisme et de ténacité, forgeant une génération à l'écoute des complexités de l'existence humaine et de l'impératif de témoigner des réverbérations de l'histoire. Dans ce contexte, il devient évident que Gwangju n'était pas simplement un décor, mais un personnage, un protagoniste invisible dans le récit des années de formation de Kang, qui a insufflé à sa vision du monde et à ses activités littéraires une éthique durable de résilience, d'empathie et de recherche incessante de la vérité.

Naviguer dans l'identité : luttes personnelles et collectives

Les années de formation à Gwangju ont constitué une toile de fond complexe pour le développement de Han Kang, mêlant croissance personnelle et histoire tumultueuse de la ville. Au cours de son adolescence, Han

Kang a été confronté à l'impact profond des événements sociaux sur son identité individuelle. La lutte pour réconcilier les aspirations personnelles avec les traumatismes collectifs a façonné les thèmes sous-jacents qui imprégneront plus tard ses œuvres littéraires. Au milieu des échos du passé de Gwangju, Kang a trouvé un équilibre délicat entre la réalisation de ses propres rêves et la reconnaissance du poids des récits historiques qui pèsent sur sa communauté. Ce conflit intérieur, chargé de questions d'action et d'appartenance, est devenu le creuset de sa vision du monde en plein essor. C'est dans ce creuset que Kang a forgé une compréhension nuancée de l'interconnexion entre les expériences personnelles et le tissu sociopolitique plus large, favorisant l'empathie et l'introspection. En outre, son voyage introspectif n'était pas solitaire ; il reflétait la dynamique communautaire de Gwangju, une ville qui respire la résilience et la mémoire. L'intersection des luttes personnelles et collectives a servi de catalyseur à l'exploration de l'identité de Kang, lui permettant de sonder l'interaction complexe entre la découverte de soi et la conscience de la société. Grâce à une introspection poignante, Kang a plongé dans les tensions et les harmonies inhérentes à la navigation de son identité dans le contexte d'une histoire partagée, capturant habilement l'essence de l'expérience humaine dans ses formes les plus vulnérables et les plus provocantes. Au fil de son récit, ce chapitre de sa vie incarne la profondeur de la contemplation émotionnelle et intellectuelle qui sous-tend son œuvre littéraire, jetant une lumière captivante sur la tapisserie complexe de l'identité au sein d'un paysage social en constante évolution.

L'émergence d'inclinations et d'aspirations artistiques

Les années de formation de Han Kang à Gwangju ont été marquées par une prise de conscience croissante de ses inclinations artistiques et par une aspiration de plus en plus forte à poursuivre une voie créative. En grandissant dans l'atmosphère évocatrice de Gwangju, une ville au riche patrimoine culturel et à l'histoire tumultueuse, Han Kang a été exposée à diverses formes d'expression artistique. Cette exposition a porté ses fruits sous la forme d'une profonde appréciation de la littérature, de l'art et du pouvoir de la narration, allumant une étincelle qui allait finalement définir ses futurs projets. Alors qu'elle naviguait dans les complexités de son identité, juxtaposant ses désirs personnels aux luttes collectives de la société, Han Kang a trouvé réconfort et inspiration dans le monde de la créativité. La tapisserie vibrante de la communauté artistique de Gwangju, associée à l'environnement sociopolitique agité, a joué un rôle essentiel dans l'évolution de ses perspectives. C'est dans ce contexte de transformation sociétale que sa sensibilité artistique a pris racine, s'épanouissant dans un engagement inébranlable à explorer la condition humaine par le biais de l'écriture. Les aspirations naissantes de Han Kang ont été soulignées par un désir profond de contribuer au paysage littéraire, en utilisant sa voix unique pour exprimer les nuances de l'expérience humaine. L'attrait de la narration et le potentiel transformateur de la littérature ont fait naître en elle une fervente détermination, la propulsant vers un avenir imprégné d'objectifs et de créativité. Cette première phase de découverte de soi et d'éveil créatif a jeté les bases des futures entreprises littéraires de Han Kang, en leur insufflant une authenticité et une profondeur qui continuent de trouver un écho profond chez les lecteurs. Ainsi, ces expériences formatrices à Gwangju ont non seulement favorisé ses penchants artistiques, mais ont également servi de catalyseur à l'émergence de ses aspirations inébranlables, posant les jalons d'un parcours littéraire remarquable qui captivera le public du monde entier.

Anecdotes d'enfance : les graines de l'inspiration

Les années de formation de Han Kang à Gwangju ont été imprégnées d'une riche tapisserie d'anecdotes d'enfance qui ont semé les graines de l'inspiration pour ses futurs projets littéraires. Jeune fille, elle était connue pour son sens aigu de l'observation et sa nature introspective. Elle trouvait souvent du réconfort dans les livres et les histoires qui la transportaient dans des contrées lointaines, en dehors des limites de sa réalité quotidienne. Les premières lectures de Mme Kang, en particulier les œuvres d'auteurs coréens, ont fait naître en elle une passion pour les pouvoirs de la narration et sa capacité à mettre en lumière la condition humaine. Ces expériences ont jeté les bases de sa créativité naissante et de sa passion pour l'écriture. En se remémorant des réunions familiales et des traditions de contes communautaires, Kang a puisé dans une source de récits oraux qui ont imprégné l'éthique de son éducation à Gwangju. L'amalgame de ces divers récits, imprégnés de traditions et de mythes, lui a inculqué une profonde compréhension de l'importance culturelle de la narration, fournissant un terrain fertile pour ses explorations imaginatives. En outre, son exposition au climat sociopolitique tumultueux de la Corée du Sud des années 1980, caractérisé par de fervents appels à la démocratisation et à la justice sociale, a profondément influencé sa vision du monde, alimentant un sens naissant de l'empathie et un sens naissant de la responsabilité éthique chez le jeune écrivain. La juxtaposition d'anecdotes personnelles sur fond de bouleversements sociétaux a servi de catalyseur à la prise de conscience de Kang des multiples facettes de l'expérience humaine. Cela l'a également encouragé à approfondir les subtilités des émotions humaines et de la dynamique sociétale dans ses travaux littéraires ultérieurs. De plus, la beauté vivante des paysages naturels et urbains de Gwangju a laissé une impression indélébile sur sa sensibilité créative, insufflant à ses écrits naissants un sens palpable du lieu et une révérence lyrique à l'égard de l'environnement. En fin de compte, la mosaïque d'anecdotes d'enfance ancrées dans les souvenirs de Kang a convergé pour façonner sa vision artistique, aboutissant à une fusion kaléidoscopique de récits personnels, d'héritage culturel et de conscience sociétale qui continue à se répercuter dans son œuvre littéraire.

Témoin des changements et des bouleversements de la société

Les années de formation de Han Kang à Gwangju ont été étroitement liées aux bouleversements sociopolitiques qui ont marqué l'histoire moderne de la Corée du Sud. La ville, souvent caractérisée par sa scène culturelle vibrante, a également été le témoin de mouvements politiques et de transformations sociales importants pendant la jeunesse de Han Kang. Le soulèvement de Gwangju en 1980, un moment décisif de l'histoire coréenne, a profondément marqué la jeune Han Kang, l'exposant aux complexités de la dynamique du pouvoir, aux troubles civils et à la résilience de l'esprit humain face à l'adversité. Cet événement marquant a non seulement laissé une empreinte indélébile dans la conscience de Han Kang, mais il a également alimenté sa conscience naissante des fissures sociétales qui existaient sous la surface. En naviguant dans le paysage tumultueux de son environnement, Kang a été confrontée à la dissonance entre la stabilité familiale et les courants de changement volatils qui s'emparent de la communauté dans son ensemble. La juxtaposition de l'introspection personnelle et de l'agitation communautaire est devenue un thème récurrent qui trouvera plus tard un écho dans ses récits littéraires. Le fait d'avoir été témoin des conséquences de ces événements perturbateurs a permis à Kang d'obtenir un compte rendu de première main de la capacité humaine à opprimer et à résister, ce qui a façonné sa compréhension de l'action individuelle et de la lutte collective. Grâce à ces expériences vécues, Kang a développé une sensibilité nuancée à l'égard de la nature multiforme de la transformation sociale et de ses répercussions sur les identités personnelles et communautaires.

Son engagement intime avec les flux et reflux des changements sociétaux a non seulement approfondi son introspection empathique, mais a également jeté les bases de son exploration des traumatismes, de la résilience et de la quête humaine durable d'un sens au milieu des bouleversements. En fin de compte, le creuset de la métamorphose historique de Gwangju a servi de tableau vivant sur lequel la vision littéraire de Kang s'est déployée par la suite, illuminant l'interconnexion des récits personnels avec la tapisserie plus large de l'évolution sociétale.

Réflexions : Les effets durables de l'enfance

Lorsque Han Kang se remémore ses années de formation à Gwangju, il devient évident que les expériences et les défis de son enfance ont laissé une marque indélébile sur sa vie et son œuvre littéraire. Les changements et bouleversements sociétaux tumultueux dont elle a été témoin pendant son éducation ont profondément façonné sa vision du monde et ses sensibilités artistiques. À travers des souvenirs introspectifs, Kang se penche sur les impacts durables de son enfance, offrant aux lecteurs un aperçu des racines de son esprit créatif.

Les échos de l'histoire tumultueuse de Gwangju résonnent dans les réflexions de Kang, soulignant la résilience et la ténacité des habitants de la ville. Des conséquences du soulèvement de Gwangju à l'évolution du paysage sociopolitique, Kang explore les complexités de la mémoire et de l'héritage, décrivant la façon dont ces événements cruciaux continuent de résonner dans son être. Son introspection dévoile l'influence profonde du tumulte sociétal sur sa compréhension de l'identité, de l'appartenance et de la mémoire collective, éclairant les fils qui lient l'expérience personnelle à la toile plus large de la conscience historique.

En outre, les réflexions poignantes de Kang témoignent de l'impact durable des liens familiaux et de l'environnement nourricier de ses années de formation. Elle décrit l'interaction entre le développement personnel et les relations enrichissantes qui ont imprégné son enfance de profondeur émotionnelle et de curiosité intellectuelle. La tapisserie nuancée de la dynamique familiale et de l'héritage culturel apparaît dans les introspections de Kang, dévoilant l'interaction entre le récit personnel et la tapisserie plus large des récits sociétaux.

Dans le contexte des ruminations introspectives de Kang se trouve la signification profonde d'une exposition précoce à la littérature et à l'art, qui ont servi de refuge et de source de réconfort au milieu des turbulences de son environnement. L'influence palpable de l'éthique culturelle et du milieu artistique de Gwangju émerge dans les tendres souvenirs de Kang, donnant un aperçu de l'alchimie de l'inspiration et de la résilience.

En se penchant sur son enfance, Kang exhume les courants sous-jacents de force morale, d'introspection et d'empathie qui continuent d'imprégner ses écrits de profondeur et de résonance. Ses réflexions ouvrent une fenêtre sur le pouvoir transformateur des expériences formatrices et leur empreinte durable sur l'esprit créatif, illustrant la confluence profonde de l'histoire personnelle et de l'art littéraire.

3

Influences formatrices

La famille et l'ombre de l'histoire

Introduction à la dynamique et au patrimoine familiaux

La famille est la véritable pierre angulaire sur laquelle se construisent les visions du monde, les valeurs et les perceptions des individus. Dans le contexte de la lignée et de l'ascendance, l'influence profonde des figures parentales est particulièrement omniprésente. Cette influence va au-delà du simple patrimoine génétique et englobe la transmission de traditions culturelles, de systèmes de croyances et de normes sociales qui forment collectivement la compréhension du monde d'un individu. L'interaction complexe entre la dynamique familiale et l'héritage façonne non seulement le développement psychologique et émotionnel d'un individu, mais aussi ses perspectives durables sur l'identité, la moralité et les relations. L'exploration de la tapisserie aux multiples facettes de la lignée et de l'héritage offre ainsi un aperçu profond des forces fondamentales qui façonnent le caractère et l'histoire d'un individu. En explorant les subtilités de l'influence parentale, nous nous immergeons dans les dialogues de l'héritage et de la tradition, élucidant les empreintes indélébiles qui se répercutent à travers les générations. En comprenant le rôle central des récits ancestraux et des empreintes familiales, nous naviguons sur les chemins labyrinthiques de la croissance personnelle et de la continuité culturelle, nous ancrant dans une compréhension plus riche de notre place dans le grand tableau de l'existence humaine.

L'influence des figures parentales

Pour Han Kang, les figures parentales ont joué un rôle multiple et profond dans la formation de sa vision du monde et de ses sensibilités littéraires. La dynamique complexe entre parents et enfants a laissé une marque indélébile sur ses œuvres, plongeant dans la complexité des relations humaines. Pour nous, il s'agit de disséquer l'impact de l'influence parentale sur la psyché et l'expression créative de Kang.

Pour comprendre les prouesses littéraires de Kang, il est essentiel de décrire l'autorité parentale et sa confluence avec l'action individuelle. Dans sa prose évocatrice, elle explore les nuances de la piété filiale, de la rébellion et de la lutte pour l'autonomie au sein des structures familiales. Il est évident que ses figures parentales sont à la fois des sources d'inspiration et de perplexité, alimentant sa propension à démêler les couches énigmatiques du lien humain.

Les influences maternelles et paternelles de Kang sont imprégnées de paysages émotionnels dichotomiques, oscillant entre tendresse et agitation. L'étreinte nourricière de sa mère se mêle à la présence autoritaire de son père, favorisant une tension narrative qui imprègne ses récits. Leur impact inébranlable évoque une riche tapisserie d'émotions, allant de la nostalgie et de l'empathie au défi et à l'introspection.

Par ailleurs, l'interaction des figures parentales se manifeste dans l'exploration par Kang des normes sociétales, des rôles de genre et du poids omniprésent des attentes familiales. Son portrait poignant de la dynamique parent-enfant transcende les clichés, élucidant les complexités inhérentes qui sous-tendent les liens humains. Avec une poignante résonance, Kang dévoile la dialectique universelle de l'amour et de la discorde qui se répercute dans les couloirs des liens filiaux.

La transmission intergénérationnelle des traumatismes devient par ailleurs une lentille focale à travers laquelle Kang examine le lien entre l'histoire personnelle et la mémoire collective. Le spectre palpable des bouleversements historiques et leur impact durable sur l'ethos familial informe ses récits, dévoilant l'héritage intangible de la résilience et de la désolation. En tant que telle, la représentation nuancée des figures parentales englobe une toile plus large d'héritages historiques et culturels, enrichissant le substrat thématique de son œuvre littéraire.

Par essence, l'influence des figures parentales imprègne chaque fibre littéraire du répertoire de Han Kang, conférant à ses tapisseries narratives une profondeur émotionnelle qui se répercute à travers les continents. C'est dans l'interaction complexe des liens familiaux que Han Kang déterre avec éloquence la quintessence de l'existence humaine, insufflant à sa prose une résonance durable qui transcende les limites temporelles et spatiales.

Les frères et sœurs, compagnons et catalyseurs

Les frères et sœurs jouent un rôle multiforme dans la formation de l'identité et de l'expérience vécue d'un individu. Dans le contexte de l'univers littéraire de Han Kang, la dynamique entre frères et sœurs est intimement liée à la trame de ses récits, servant à la fois de compagnons et de catalyseurs pour le développement personnel et l'introspection. Les relations entre frères et sœurs reflètent souvent un jeu complexe de camaraderie, de rivalité, de soutien et d'influence, qui laisse une marque indélébile sur le paysage émotionnel de la vie d'un individu. Dans son exploration de ce thème, Kang explore les nuances des liens entre frères et sœurs, les présentant comme des forces centrales qui façonnent les attitudes, les aspirations et les visions du monde de ses personnages. À travers ses récits fouillés, elle dévoile la profondeur des liens fraternels et le pouvoir de transformation qu'ils exercent sur ses protagonistes. La présence des frères et sœurs permet également d'aborder les thèmes de l'empathie, du conflit et de la gestion des expériences partagées au sein de la cellule familiale.

En tant que compagnons, les frères et sœurs agissent comme des confidents intimes, offrant du réconfort, de l'empathie et de la compagnie dans les moments difficiles comme dans les moments de joie. Leur présence inébranlable résonne dans les récits de Kang, illustrant la signification profonde de la solidarité familiale et de la compréhension mutuelle. Inversement, en tant que catalyseurs, les frères et sœurs favorisent la croissance et la découverte de soi en suscitant des moments cruciaux de réflexion et de réalisation de soi. Leurs actions et leurs points de vue servent à remettre en question et à élargir la vision du monde de chacun, ce qui stimule le discours intellectuel et la renégociation des croyances personnelles.

Kang dépeint habilement la nature dialectique des relations entre frères et sœurs, décrivant la danse complexe entre proximité et distance, amour et conflit. Cette représentation permet aux lecteurs de s'engager dans la complexité émotionnelle inhérente aux liens familiaux et de réfléchir à leurs propres expériences dans le contexte de la dynamique de la fratrie. En plaçant l'interaction dynamique des relations entre frères et sœurs au cœur de ses récits, Kang capture magistralement l'essence universelle de ces liens et invite les lecteurs à contempler l'impact durable de la camaraderie entre frères et sœurs ainsi que le rôle catalyseur qu'elle joue dans la formation de l'identité et de la trajectoire de vie d'une personne.

Racines culturelles : les traditions et leur impact

La riche tapisserie de la culture sud-coréenne est tissée d'une myriade de traditions qui ont traversé les siècles et façonné la conscience collective de son peuple. Des cérémonies élaborées aux rites ancestraux, en passant par l'étiquette complexe qui régit les interactions sociales, ces traditions sont profondément ancrées dans le tissu social et donnent un aperçu des valeurs et des normes qui sous-tendent l'identité coréenne. En explorant les racines culturelles, Han Kang se penche sur l'impact profond de ces traditions sur les expériences individuelles et les dynamiques sociétales, mettant en lumière les tensions entre tradition et modernité. À travers ses récits poignants, elle met en lumière la complexité de la navigation dans les traditions dans un monde en évolution rapide, en disséquant la relation symbiotique entre tradition, identité et héritage.

Au cœur des traditions coréennes, l'accent est mis sur les liens familiaux et la solidarité communautaire. Le respect des aînés, incarné par l'observation des principes confucéens, imprègne la structure sociale, délimitant les hiérarchies et les responsabilités au sein des familles et des communautés. Ces traditions profondément enracinées servent de pierre angulaire à la représentation des relations familiales de Han Kang, offrant une compréhension nuancée de la dynamique complexe entre les parents, les enfants et les frères et sœurs dans ses œuvres littéraires. En outre, les rituels et les coutumes associés aux événements majeurs de la vie, tels que les mariages et les funérailles, servent de marqueurs essentiels qui soulignent l'interconnexion des individus au sein d'un cadre culturel plus large.

Au-delà des relations interpersonnelles, les formes d'art traditionnelles, telles que la musique, la danse et la littérature, continuent de faire écho aux sentiments d'époques révolues, canalisant les récits historiques et les expériences partagées. La narration habile de Han Kang capture l'essence de ces traditions artistiques, donnant vie à l'héritage culturel de la Corée. De plus, son habile entrelacement de la mythologie et du folklore dévoile la résonance durable des anciennes croyances et superstitions, juxtaposées à la toile de fond de la société contemporaine.

Cependant, l'impact des traditions culturelles dépasse le domaine de l'identité personnelle et s'étend au paysage sociopolitique. La représentation nuancée de la mémoire collective et des traumatismes historiques dans les récits de Han Kang reflète l'héritage durable du passé tumultueux de la Corée, marqué par des périodes de colonisation, de guerre et de division. En tissant des sagas individuelles dans un contexte historique plus large, Han Kang présente une méditation profonde sur les ramifications durables de l'histoire nationale, qui résonne avec les lecteurs à l'échelle universelle.

En substance, la contemplation des racines et des traditions culturelles de Han Kang dévoile une profonde mosaïque d'expériences humaines, dépeignant la pertinence durable de coutumes séculaires tout en interrogeant leur pertinence dans un monde en évolution rapide. Son exploration incite les lecteurs à réfléchir à l'interaction complexe entre tradition et transformation, inspirant une appréciation plus profonde des complexités de l'héritage culturel et de son influence durable sur les vies individuelles et la conscience collective.

Contexte historique : l'héritage de la péninsule coréenne

Le contexte historique de la péninsule coréenne est profondément lié à la formation de la Corée du Sud et à ses relations complexes avec la Corée du Nord. Cet héritage est marqué par une histoire tumultueuse de colonisation, de division, de guerre et de tensions diplomatiques permanentes.

Il est essentiel de comprendre cette toile de fond historique pour saisir les dynamiques culturelles, sociales et politiques qui ont eu un impact profond sur le paysage littéraire de la Corée du Sud, ainsi que sur les sensibilités artistiques de Han Kang.

L'héritage de la péninsule coréenne remonte à l'Antiquité, avec une riche tapisserie de traditions indigènes, de réalisations artistiques et de principes philosophiques qui continuent à façonner l'identité nationale. Toutefois, cet héritage culturel a été entaché par des influences extérieures, notamment par la domination coloniale japonaise de 1910 à 1945, qui a laissé des traces durables dans la psyché et la société coréennes. La division de la péninsule en Corée du Nord et Corée du Sud, qui a suivi la Seconde Guerre mondiale, a dégénéré en guerre de Corée (1950-1953), entraînant des souffrances humaines incommensurables et des fissures idéologiques profondément ancrées.

L'exploration par Han Kang des luttes familiales, sociétales et individuelles résonne sur cette toile de fond historique, offrant un commentaire poignant sur l'héritage durable du conflit et de la résilience. Au milieu des récits d'adversité et de persévérance, le peuple coréen a fait preuve d'une résistance remarquable, préservant son héritage culturel tout en naviguant dans les complexités de la modernité et de la mondialisation. L'après-guerre a donné lieu à un miracle économique qui a propulsé la Corée du Sud sur la scène internationale, symbolisant la détermination de la nation à progresser et à innover.

Cependant, les répercussions persistantes de la guerre, du régime autoritaire et des divisions géopolitiques ont jeté une longue ombre sur la péninsule, contribuant à une tonalité nuancée, souvent sombre, dans les expressions littéraires de Han Kang. En plongeant dans le contexte historique de la péninsule coréenne, nous comprenons mieux les subtilités socioculturelles qui ont façonné la vision du monde et les constructions narratives de Han Kang. Abordant les thèmes du traumatisme, de la mémoire et de la réconciliation, les écrits de Han Kang reflètent les tourments d'une nation aux prises avec son passé, tout en envisageant un chemin vers la guérison et la compréhension. En reconnaissant les multiples facettes de l'héritage de la péninsule coréenne, nous parvenons à une compréhension plus riche de la tapisserie thématique entrelacée dans les œuvres phares de Han Kang.

Histoires de résilience : des récits familiaux au cœur de la tourmente

Dans le contexte turbulent de l'histoire coréenne, les récits familiaux apparaissent comme des témoignages poignants de résilience et de force d'âme. Ces récits résument l'esprit indomptable d'individus qui ont surmonté l'adversité, façonnant ainsi la mémoire collective d'une nation en pleine tourmente. Ils témoignent de la persévérance stoïque des familles face aux bouleversements politiques, aux difficultés économiques et aux transformations sociétales.

Les histoires à multiples facettes tissées dans cette tapisserie complexe dévoilent les couches de sacrifice, de courage et d'espoir durable qui définissent les expériences familiales coréennes. Des récits déchirants de séparation en temps de guerre à la transmission intergénérationnelle de l'héritage culturel, ils illustrent l'impact profond des événements historiques sur la cellule familiale. Qu'ils aient pour toile de fond des régimes autoritaires ou des périodes de modernisation rapide, ces récits dépeignent les liens inébranlables qui soutiennent les familles dans l'adversité, mettant en lumière l'interconnexion intrinsèque entre les récits personnels et l'identité nationale.

À travers le prisme de la littérature, ces histoires d'endurance et de ténacité servent à la fois d'outils de commémoration et d'introspection. En plongeant dans la complexité des récits familiaux, des auteurs comme Han Kang proposent une exploration poignante de la condition humaine dans le creuset des tribulations historiques. En examinant les intersections entre les récits personnels et les forces sociopolitiques plus larges, ces récits offrent un aperçu inestimable de la résilience durable qui sous-tend la conscience collective de la société coréenne.

En outre, les récits de résilience qui se transmettent d'une génération à l'autre soulignent non seulement la force inébranlable des liens familiaux, mais amplifient également le pouvoir transcendant de la narration en tant qu'instrument de guérison et de préservation. En reprenant ces récits, elle sert de pont entre le passé et le présent, favorisant un sentiment de continuité et de solidarité communautaire au milieu d'époques tumultueuses. À travers la littérature et l'art, ces récits de résilience deviennent l'emblème de l'esprit humain inébranlable, triomphant des adversités et suscitant un sentiment d'optimisme pour l'avenir.

Par essence, la tapisserie vivante des récits familiaux dans la tourmente incarne l'esprit durable de résilience, témoignant de la détermination et de l'espoir inébranlables qui définissent l'expérience familiale coréenne. Ces récits n'enrichissent pas seulement le paysage littéraire, ils permettent aussi de comprendre l'impact profond de l'héritage historique sur les vies individuelles, renforçant l'adage intemporel selon lequel la capacité humaine de survie et de transformation est pérenne et transcende les épreuves du temps et de l'histoire.

L'environnement éducatif et son rôle

L'environnement éducatif joue un rôle essentiel dans la formation de la vision du monde et du développement intellectuel d'un individu. Pour Han Kang, ses années de formation au sein du système éducatif coréen ont constitué une riche tapisserie d'expériences qui ont considérablement influencé son parcours littéraire. L'éducation ne se contente pas de doter les individus de connaissances et de compétences ; elle façonne également leurs perspectives, leurs valeurs et leurs sensibilités. Dans le cas de Han Kang, l'environnement d'apprentissage structuré et l'exposition à diverses matières ont nourri sa curiosité et ses capacités de réflexion critique, favorisant une profonde appréciation de la littérature et des arts.

Au sein de l'environnement éducatif, Han Kang a également rencontré des enseignants influents qui ont reconnu ses talents créatifs naissants et lui ont offert un mentorat inestimable. Ces mentors ont joué un rôle crucial dans l'épanouissement de ses aspirations littéraires, en la guidant et en l'encourageant dans sa découverte des complexités de l'expression personnelle et de la narration. L'impact de ces mentors sur le développement artistique de Kang souligne l'influence profonde du mentorat dans l'écosystème éducatif.

En outre, le programme d'études lui-même a fourni un terrain fertile pour l'exploration de thèmes historiques et culturels, enrichissant la compréhension qu'avait Kang de l'héritage complexe de la Corée et de la dynamique sociétale. L'étude de la littérature, de l'histoire et de la philosophie l'a plongée dans les récits intemporels et les discours philosophiques qui continuent à se répercuter dans ses œuvres. Cette exposition lui a permis de cultiver un sens profond de la conscience historique et une compréhension nuancée des complexités sociétales, qui constituent le fondement de ses récits captivants.

Outre les études, les activités extrascolaires et l'engagement communautaire inclus dans l'enseignement ont donné à Kang l'occasion de s'ouvrir à des perspectives diverses et de favoriser l'empathie. Les interactions avec des camarades d'origines diverses et la participation à des événements communautaires ont élargi sa capacité d'empathie, lui inculquant une profonde sensibilité à la condition humaine, qualité essentielle qui imprègne ses récits de résonance émotionnelle et de pertinence universelle.

L'environnement éducatif a servi de creuset à la maturation intellectuelle et émotionnelle de Han Kang, lui donnant les outils cognitifs et le cadre empathique indispensables à sa vocation littéraire. À ce titre, elle témoigne de l'influence formatrice de l'éducation qui a façonné les contours de son paysage littéraire et imprégné ses récits de profondeur, de perspicacité et d'empathie poignante.

La narration intergénérationnelle : faire le lien entre le passé et le présent

La narration transcende les générations et constitue un moyen essentiel de préserver le patrimoine culturel et de relier les individus à leurs racines ancestrales. Dans le contexte du paysage littéraire de Han Kang, la narration intergénérationnelle joue un rôle essentiel en comblant le fossé entre le passé et le présent. En mettant l'accent sur les récits familiaux qui résonnent à travers le temps, Han Kang tisse une tapisserie de la mémoire collective, offrant aux lecteurs une exploration poignante de l'interaction entre les expériences personnelles et les trajectoires historiques plus larges.

Au cœur des récits intergénérationnels se trouve la transmission intergénérationnelle de la sagesse, des croyances et des coutumes d'une génération à l'autre. Grâce à la tradition orale, aux anecdotes familiales et aux rituels transmis au fil des siècles, les individus sont non seulement liés à leur lignée, mais ils bénéficient également d'un aperçu inestimable des luttes, des triomphes et de la résistance durable de leurs prédécesseurs. Dans les œuvres de Kang, ce thème sous-jacent se manifeste par l'équilibre délicat entre le respect de la tradition et l'acceptation des complexités de la modernité, une danse délicate qui reflète la propre navigation de l'auteur dans son héritage culturel.

En outre, les récits intergénérationnels témoignent de la pérennité de l'histoire, chaque histoire agissant comme un fil tissé dans la trame du temps. En plongeant dans les récits de ceux qui l'ont précédée, Mme Kang illustre l'interconnexion entre le passé et le présent et montre comment les échos des époques révolues se répercutent dans la vie contemporaine de ses personnages. Cette approche nuancée engendre un profond sentiment de continuité, incitant les lecteurs à reconnaître la pertinence durable des récits ancestraux dans leur propre parcours.

En outre, le fait de raconter des histoires intergénérationnelles confère un sens profond de la responsabilité, obligeant les individus à devenir les gardiens de leur passé collectif. En explorant habilement les fardeaux et les bénédictions portés par les générations successives, Mme Kang incite son public à contempler son rôle d'héritier et d'architecte de l'héritage culturel. Cette introspection confère une richesse multidimensionnelle à ses récits, invitant les lecteurs à s'embarquer dans une odyssée réflexive qui traverse les méandres de la tradition familiale et de l'histoire.

Par essence, la narration intergénérationnelle dans l'œuvre de Han Kang incarne une ode aux chroniques croisées d'hier et d'aujourd'hui. C'est un hommage à la résilience de l'esprit humain, une invocation des histoires partagées et un rappel poignant des liens durables qui nous unissent à travers le temps et l'espace.

Réflexions sur l'identité et le patrimoine nationaux

L'exploration de l'identité et du patrimoine nationaux revêt une grande importance dans la compréhension des thèmes qui sous-tendent les œuvres littéraires de Han Kang. Enracinées dans la riche tapisserie de l'histoire, de la langue, des coutumes et de la mémoire collective coréennes, les réflexions de Han Kang sur l'identité nationale plongent dans la complexité des expériences individuelles et collectives. Ses écrits résonnent des échos des événements historiques, des héritages familiaux et du milieu culturel qui ont façonné la péninsule coréenne. À travers ses récits nuancés, Mme Kang transmet l'esprit durable d'une nation marquée par la résilience, les bouleversements et la transformation.

L'interaction complexe entre les récits personnels et les paysages socioculturels plus larges est au cœur de cette réflexion. Kang tisse de manière complexe les fils de l'histoire de sa famille, qui comprennent des récits de survie, de sacrifice et d'adaptation, avec la toile plus large de l'évolution sociétale de la Corée. Ce dialogue intergénérationnel est un témoignage poignant de l'héritage durable des expériences partagées et de la résilience du peuple coréen.

Par ailleurs, la réflexion de Kang sur l'identité nationale englobe une exploration des valeurs profondément ancrées, des systèmes de croyance et des traditions qui continuent de façonner la conscience collective de la population coréenne. À travers sa prose évocatrice, elle démêle les complexités de la façon dont les héritages historiques se croisent avec les réalités contemporaines, offrant une lentille à travers laquelle les lecteurs peuvent se faire une idée des multiples facettes de la société coréenne. Des traditions enracinées dans la philosophie confucéenne à l'impact sociétal de la modernisation, les introspections de Kang servent de fil conducteur à l'examen de la tapisserie complexe de l'identité coréenne.

L'exploration thématique de l'identité et de l'héritage nationaux dans l'œuvre littéraire de Kang transcende par ailleurs le domaine de la pertinence universelle. En invitant les lecteurs dans les espaces intimes des histoires familiales et des héritages culturels, elle souligne l'universalité des expériences humaines tout en célébrant la diversité des identités dans le contexte coréen. La maîtrise de ces thèmes par Mme Kang enrichit non seulement ses récits, mais favorise également une meilleure appréciation des nuances en constante évolution de l'identité et du patrimoine nationaux auprès des publics du monde entier. À travers sa prose réfléchie, Kang offre une méditation profonde sur le lien durable entre les héritages individuels et la conscience collective d'une nation, inspirant les lecteurs à contempler leurs propres liens avec les riches tapisseries de l'histoire, de la culture et de l'héritage.

Synthèse de l'histoire personnelle en thèmes littéraires

Le formidable répertoire littéraire de Han Kang est intimement lié à son histoire personnelle et à la mémoire collective de son pays, la Corée du Sud. Écrivaine profondément liée à ses racines, Han Kang transforme avec brio ses expériences personnelles et ses récits familiaux en thèmes littéraires poignants, qui résonnent à un niveau universel. C'est pourquoi nous nous penchons sur la manière dont Kang insuffle son héritage familial et son identité culturelle dans ses œuvres, leur conférant ainsi une profonde profondeur émotionnelle.

Les histoires ancestrales et les traditions culturelles transmises de génération en génération forment la base de la tapisserie narrative de Kang. Son exploration de l'identité et du patrimoine nationaux témoigne de la résilience durable du peuple coréen face aux bouleversements historiques et aux transformations sociétales. À travers son écriture, Mme Kang saisit habilement les nuances des luttes et des triomphes de sa famille, ainsi que les émotions profondes qui ont façonné sa vision du monde.

La capacité de Mme Kang à intégrer harmonieusement son histoire personnelle dans des thèmes littéraires plus larges est illustrée par son exploration des traumatismes, de la résilience et de l'interaction complexe entre les destins individuels et le milieu culturel. En puisant dans ses propres expériences et en explorant les complexités de sa lignée familiale, les récits de Mme Kang acquièrent une authenticité viscérale qui transcende les frontières géographiques. Sa représentation évocatrice des liens familiaux, des conflits intergénérationnels et des échos toujours présents de l'histoire témoigne de la résonance universelle de son travail.

Par ailleurs, l'approche singulière de Kang sur le terrain complexe de l'histoire personnelle va au-delà de la simple narration ; elle devient un acte de récupération des récits culturels et de diffusion de l'essence de l'identité coréenne auprès d'un public mondial. Les différentes couches de son œuvre littéraire sont un témoignage vivant du pouvoir de transformation de la littérature qui favorise la compréhension et l'empathie interculturelles.

Par essence, l'effort de Han Kang pour synthétiser son histoire personnelle en thèmes littéraires incarne un engagement profond à témoigner de l'esprit durable de son peuple et à mettre en lumière l'humanité partagée qui lie les individus à travers le temps et l'espace. Grâce à son art, Han Kang invite les lecteurs à embarquer pour un voyage fascinant à travers les annales de son histoire personnelle, et les amène à redécouvrir les vérités universelles ancrées dans les complexités de l'héritage familial et du patrimoine culturel.

4

Percée littéraire

« La végétarienne» et la reconnaissance mondiale

Lire « La végétarienne»

« La végétarienne» de Han Kang a été une révélation dans la littérature coréenne. Ce roman défie les conventions et offre une exploration poignante de la psychologie humaine et des attentes de la société. La narration peu orthodoxe du roman et sa description percutante de la transformation personnelle ont captivé les lecteurs et les critiques, suscitant des discussions qui se sont répercutées bien au-delà du domaine traditionnel de la critique littéraire. En décrivant de manière crue et inébranlable la décision d'une femme de rejeter les normes sociétales et le régime alimentaire conventionnel, « La végétarienne» a remis en question des perceptions bien ancrées et mis à nu les complexités de l'action et de la liberté individuelles. En tant que nouvelle voix dans la littérature, le roman a ouvert la voie à une contemplation plus profonde des constructions culturelles et de la dynamique des genres, provoquant une introspection chez le public coréen et mondial. Sa résonance a dépassé les frontières de la littérature, imprégnant les dialogues culturels et attirant l'attention sur son style narratif distinct et novateur.

La végétarienne s'éloigne des thèmes familiers de la littérature coréenne et oriente le discours vers l'existentialisme, l'identité et les multiples facettes de l'expérience humaine. Cette rupture a transcendé la simple nouveauté, insufflant une nouvelle vie au paysage littéraire et invitant les lecteurs à se confronter aux questions fondamentales de l'existence à travers le prisme du voyage du protagoniste. En introduisant ce récit captivant, Han Kang s'est non seulement imposée comme une pionnière, mais elle a également redéfini les paramètres de la littérature coréenne, remettant en cause le statu quo et inspirant une génération d'écrivains à repousser les limites de la narration.

Le succès de « La végétarienne » a ouvert un nouveau chapitre de l'histoire de la littérature coréenne, annonçant un changement de paradigme et offrant une plateforme à des récits auparavant jugés tabous ou non conventionnels. Avec ses commentaires incisifs sur les attentes de la société, l'autonomie personnelle et la recherche d'un sens individuel, « La végétarienne » a marqué l'émergence d'une nouvelle voix, audacieuse, sans compromis et essentielle dans la conversation autour de la littérature contemporaine.

Naviguer sur la scène littéraire coréenne : première réception

L'émergence de Han Kang sur la scène littéraire coréenne avec « La végétarienne » a marqué un tournant important dans la littérature coréenne contemporaine. Le roman, initialement publié en Corée du Sud en 2007, a fait découvrir aux lecteurs une voix fraîche et distincte qui défie les conventions littéraires traditionnelles. Dès sa sortie, La végétarienne a captivé le public et suscité un large éventail de réactions de la part des critiques et du grand public.

En Corée du Sud, où les valeurs confucéennes et les normes sociétales continuent d'exercer une forte influence, les thèmes et la structure narrative non conventionnels de «La végétarienne» ont d'abord constitué un défi pour le paysage littéraire établi. Cependant, l'œuvre a également attiré l'attention pour son exploration sans faille de l'autonomie individuelle, de l'identité féminine et des attentes de la société.

Si certains lecteurs et critiques ont salué la rupture de Han Kang avec les conventions, d'autres ont trouvé les thèmes du roman dérangeants, voire subversifs. Cette dichotomie est emblématique de la réception complexe de "La végétarienne" dans le milieu culturel coréen. La représentation sans compromis de l'action personnelle et de la défiance à l'égard des contraintes sociales dans ce roman a suscité un vaste débat public sur le rôle et l'objectif de la littérature dans la société coréenne contemporaine.

En outre, les diverses réactions suscitées par « La végétarienne» ont permis de comprendre l'évolution de l'attitude des lecteurs coréens à l'égard des récits expérimentaux et audacieux. Le défi lancé par le roman aux normes littéraires enracinées a suscité une réévaluation des attentes traditionnelles à l'égard des œuvres littéraires, ouvrant la voie à une nouvelle vague d'expression artistique dans la littérature coréenne.

Simultanément, « La végétarienne» a déclenché des débats sur la responsabilité de la littérature à aborder des sujets tabous et à amplifier des voix auparavant marginalisées ou réduites au silence. L'impact du roman a eu un écho au-delà de sa valeur littéraire immédiate, suscitant des conversations sur les implications socioculturelles plus larges de la liberté artistique et de l'innovation créative.

Au milieu de ces débats et discussions, l'ascension de Han Kang sur la scène littéraire coréenne était indéniable. Sa capacité à susciter l'introspection et le discours par le biais de ses écrits a ouvert la voie à son exploration ultérieure de thèmes sociaux et existentiels profonds, la positionnant comme une figure de proue dans la redéfinition de la littérature coréenne moderne.

Prix et reconnaissance : Le prix international Man Booker

Le parcours littéraire de Han Kang a connu une étape décisive avec la prestigieuse reconnaissance de La végétarienne, qui lui a valu le prix international Man Booker. Cette consécration a renforcé son statut de figure influente de la littérature contemporaine et positionné son œuvre dans le paysage littéraire mondial. Ce prix ne célèbre pas seulement la narration exceptionnelle et le style narratif unique de La végétarienne, mais souligne également l'importance culturelle et l'attrait universel de l'écriture de Mme Kang. Le prix international Man Booker a placé Han Kang sous les feux de la rampe internationale, attirant l'attention sur la riche tapisserie de la littérature coréenne et signalant une nouvelle ère d'appréciation des voix diverses dans la littérature mondiale. Premier auteur coréen à recevoir cette prestigieuse distinction, Han Kang a suscité de nombreuses discussions et réflexions sur le pouvoir transformateur de ses récits. L'impact de cette reconnaissance s'est étendu au-delà du domaine de la littérature, contribuant à des conversations plus larges sur la compréhension interculturelle et l'importance de la traduction littéraire.

En remportant le prix Man Booker international, Han Kang a non seulement amélioré sa propre trajectoire en tant qu'écrivaine, mais elle a également ouvert la voie à d'autres auteurs non occidentaux pour qu'ils gagnent en visibilité et en reconnaissance à l'échelle mondiale. L'importance de ce prix se répercute dans toute la communauté littéraire, soulignant les implications profondes de la célébration et de la mise en valeur de récits divers dans le monde interconnecté d'aujourd'hui. En outre, cette consécration a renforcé l'engagement à amplifier les voix marginalisées et à mettre en lumière les expériences sous-représentées par le biais de la littérature.

Le prix international Man Booker décerné à Han Kang témoigne du pouvoir durable de la narration en tant qu'outil d'empathie, de compréhension et d'illumination. Cette réalisation révolutionnaire a propulsé l'œuvre de Han Kang dans le cœur et l'esprit des lecteurs du monde entier, favorisant une appréciation plus profonde de la nature transcendante de son écriture et amplifiant la résonance de ses récits poignants à travers des cultures et des langues disparates.

Traduction en anglais : Débloquer un lectorat mondial

La traduction de La végétarienne en anglais a été un moment décisif dans le parcours littéraire de Han Kang, la propulsant sous les feux de la rampe et élargissant son lectorat de manière exponentielle. La traduction magistrale de Deborah Smith a non seulement préservé l'intégrité de la prose de Han Kang, mais a également permis à un public international et diversifié de découvrir ce récit captivant. Grâce à sa compréhension nuancée de la culture coréenne et des subtilités de la langue, Deborah Smith a su transmettre l'essence de l'écriture de Kang, permettant ainsi aux lecteurs de différents milieux culturels de s'immerger dans la beauté obsédante de l'histoire. Cette traduction réussie a fait tomber les barrières linguistiques, ouvrant la porte à un plus grand nombre de lecteurs avides de littérature évocatrice et stimulante.

La version anglaise de « La végétarienne » a rapidement reçu de nombreux éloges, captivant l'attention des critiques littéraires et des amateurs. Son exploration approfondie des désirs humains, des normes sociétales et de la désintégration psychologique a trouvé un écho puissant auprès des lecteurs du monde entier, donnant lieu à des discussions ferventes et à d'innombrables interprétations. En conséquence, les observations astucieuses de Han Kang sur la complexité de la nature humaine et l'impact des pressions sociétales ont été adoptées par un lectorat mondial, suscitant un dialogue intellectuel qui a transcendé les frontières géographiques.

La traduction en anglais a non seulement renforcé la visibilité de Kang en tant qu'écrivaine, mais l'a également positionnée comme une pionnière dans le discours littéraire contemporain. Elle a démontré la pertinence universelle et le pouvoir intemporel de ses récits, et a ouvert la voie à des traductions ultérieures dans de nombreuses langues. En outre, elle a ouvert la voie à des traductions ultérieures dans de nombreuses langues, cimentant le statut de Kang en tant que force littéraire à l'impact considérable. En substance, la traduction de « La végétarienne » en anglais a servi de catalyseur à la transformation de Han Kang, qui est passée du statut d'auteur coréen vénéré à celui de figure célèbre de l'arène littéraire internationale, enrichissant la tapisserie culturelle de la littérature mondiale et soulignant l'importance des échanges littéraires interculturels.

Acclamation critique et analyse : thèmes de la transformation

Après sa traduction en anglais, « La végétarienne » a été salué par la critique, ce qui a largement contribué à sa reconnaissance. L'exploration par le roman des thèmes liés à la transformation, tant physique que psychologique, a été au centre des préoccupations des analystes littéraires et des critiques. La description profonde et souvent troublante de la métamorphose du protagoniste sert de catalyseur à des discussions stimulantes sur la nature du changement et son impact sur l'identité individuelle.

Des universitaires et des critiques ont plongé dans la riche tapisserie de symbolisme que recèle le récit de Han Kang, démêlant les couches de sens derrière la décision de la protagoniste de renoncer à la viande et les ramifications qui s'ensuivent dans sa vie et ses relations. Cette exploration approfondie des thèmes de "La végétarienne" a donné lieu à des interprétations convaincantes, soulignant la capacité du roman à trouver un écho universel auprès des lecteurs.

En outre, le traitement de la transformation dans le roman ne se limite pas au domaine personnel ; il aborde également des changements sociétaux et culturels plus larges. Les critiques ont souligné que la façon dont la protagoniste défie les normes et les attentes de la société reflète les transformations sociétales plus larges de la Corée du Sud contemporaine, comblant ainsi le fossé entre l'expérience individuelle et l'expérience collective. Cette intersection entre les couches personnelles et communautaires de la transformation apporte une dimension supplémentaire à l'analyse critique du roman, suscitant un discours sur le rôle de la littérature dans la capture de l'esprit du temps d'une société en mutation.

En outre, l'exploration thématique de la transformation dans « La végétarienne» a suscité des dialogues interdisciplinaires, invitant à établir des parallèles avec les discours philosophiques et psychologiques sur le changement et la découverte de soi. Grâce à l'élaboration nuancée des personnages et à une prose évocatrice, Han Kang invite les lecteurs à contempler la nature du changement et ses complexités inhérentes, en transcendant les limites d'une analyse littéraire traditionnelle.

En fin de compte, la reconnaissance critique et l'analyse des thèmes de la transformation dans « La végétarienne» témoignent de l'impact durable de ce roman. En offrant une description nuancée de la métamorphose et de ses répercussions profondes, Han Kang incite les lecteurs et les chercheurs à se confronter à des questions fondamentales sur la nature du changement, l'action individuelle et l'interaction complexe entre la transformation interne et externe. Cette facette du roman continue de stimuler la recherche intellectuelle et de consolider son statut d'œuvre littéraire majeure.

Contexte culturel : un pont entre l'Orient et l'Occident

À mesure que La végétariennede Han Kang attirait l'attention du monde entier, sa capacité unique à jeter un pont entre les contextes culturels de l'Orient et de l'Occident devenait de plus en plus évidente. L'exploration par le roman des expériences humaines fondamentales transcende les frontières géographiques et trouve un écho auprès de lecteurs d'origines culturelles diverses. En plongeant dans les normes sociétales et les luttes personnelles de ses personnages, « La végétarienne» offre aux lecteurs un point d'entrée universel pour contempler les thèmes de l'identité, de l'action et de l'expression de soi.

En naviguant dans le contexte culturel, il est essentiel de reconnaître l'importance de la traduction pour transmettre l'essence de la prose de Han Kang au public international. Grâce à des efforts de traduction méticuleux et nuancés, l'imagerie évocatrice et la narration émotionnelle du roman ont été efficacement préservées, permettant aux lecteurs des sociétés occidentales de s'engager dans les nuances de la culture et de la psychologie coréennes. Ce processus de traduction a non seulement facilité le dialogue interculturel, mais il a également enrichi le paysage littéraire en introduisant une nouvelle perspective ancrée dans les sensibilités coréennes.

Les courants thématiques sous-jacents de "La végétarienne" établissent par ailleurs des liens entre les canons littéraires orientaux et occidentaux. Le roman présente une fusion fascinante des systèmes de croyance traditionnels coréens, des pressions sociétales contemporaines et des dilemmes existentiels, invitant les lecteurs à contempler ces thèmes à travers une lentille éclairée par les deux cultures. Cette convergence sert de catalyseur pour mettre en lumière les expériences humaines partagées et favoriser une appréciation plus profonde des complexités de la diversité culturelle.

La réception de "La végétarienne" dans les cercles littéraires occidentaux a également contribué à un discours plus large sur la représentation des voix non occidentales dans l'arène littéraire mondiale. En embrassant et en célébrant des récits enracinés dans les paysages culturels coréens, le roman remet en question les paradigmes traditionnels et enrichit la tapisserie de la littérature mondiale. Il invite à une introspection critique des modes de narration dominants et encourage une approche plus inclusive qui reflète la nature multiforme des expériences humaines.

En fin de compte, le contexte culturel dans lequel s'inscrit « La végétarienne» illustre le potentiel de transformation de la littérature en jetant un pont entre l'Orient et l'Occident. Grâce à son exploration approfondie de la condition humaine et à sa maîtrise des nuances culturelles, ce roman est devenu un phare de l'échange et de la compréhension interculturels, favorisant des dialogues significatifs au-delà des frontières géographiques et enrichissant le paysage littéraire mondial.

Réactions des lecteurs : un large éventail d'interprétations

La végétariennede Han Kang, avec sa riche tapisserie de symboles et son exploration complexe de la psyché humaine, a suscité un large éventail d'interprétations de la part des lecteurs du monde entier. La beauté obsédante du roman et ses personnages énigmatiques ont suscité des conversations qui plongent dans les domaines de la psychologie, de la sociologie et de la culture. Des lecteurs d'origines, d'âges et de milieux différents ont trouvé une résonance personnelle dans ses pages, soulignant l'universalité des expériences humaines dépeintes dans le récit.

De nombreux lecteurs ont exprimé des liens émotionnels profonds avec les protagonistes, en particulier Yeong-hye, dont la rébellion silencieuse contre les normes sociétales remet en question les notions traditionnelles d'identité et d'action. D'autres ont disséqué les thèmes nuancés du désir, du contrôle et de la libération contenus dans le texte, explorant les motivations complexes et les troubles intérieurs des personnages. Le contraste entre l'individu et la collectivité, ainsi que la confrontation des tabous de la société, ont suscité des discussions qui invitent à la réflexion sur les concepts plus larges de conformité et de défi.

Dans divers clubs de lecture en ligne et forums littéraires, les lecteurs ont engagé des débats animés sur la signification symbolique des images récurrentes, telles que les fleurs, le sang et le fait de s'abstenir de manger de la viande. Ces discussions ont permis de mieux comprendre les métaphores à plusieurs niveaux du roman et la représentation des instincts primaires et des attentes de la société. En outre, les lecteurs ont établi des parallèles entre « La végétarienne» et d'autres œuvres littéraires, tant occidentales qu'orientales, amplifiant ainsi son discours interdisciplinaire et enrichissant la tapisserie de l'analyse critique.

L'attrait interculturel du roman a notamment suscité des dialogues centrés sur l'interprétation des traditions coréennes, des dynamiques familiales et des contextes historiques. En s'engageant dans la prose évocatrice de Han Kang, les lecteurs ne se contentent pas de comprendre les subtilités de la société sud-coréenne ; ils découvrent aussi des vérités universelles qui transcendent les frontières géographiques.

Si certains lecteurs trouvent du réconfort dans le lyrisme de l'écriture, d'autres sont contraints de réexaminer leurs propres croyances et hypothèses en se confrontant aux réalités troublantes dépeintes dans le récit. Cette diversité d'interprétations souligne l'impact durable de "La végétarienne", renforçant son statut d'œuvre littéraire qui continue à provoquer l'introspection et le dialogue au sein d'un public mondial.

Médias et publicité : rehausser le profil de Han Kang

La percée littéraire de Han Kang avec La végétariennea non seulement captivé les lecteurs, mais l'a également propulsée sous les feux de la rampe de la reconnaissance littéraire mondiale. Les médias et la publicité qui ont entouré le roman ont joué un rôle essentiel dans l'élévation du profil de Han Kang en tant qu'auteur de renommée internationale. Grâce à une stratégie marketing, à des interviews approfondies et à des efforts promotionnels ciblés, l'œuvre de Han Kang a bénéficié d'une attention et d'une reconnaissance considérables. Les médias du monde entier étaient impatients d'explorer le récit énigmatique et de pénétrer dans l'esprit de l'auteur de ce chef-d'œuvre qui suscite la réflexion. Cet afflux d'attention médiatique a permis à Han Kang de partager ses idées créatives, ses influences culturelles et les subtilités de sa narration. Des articles approfondis dans des revues littéraires prestigieuses aux apparitions télévisées de haut niveau, en passant par des entretiens passionnants en podcast, la présence de Han Kang dans les médias est devenue un catalyseur qui a permis de toucher un large éventail de publics. Le discours autour de « La végétarienne » s'est intensifié et a suscité des conversations critiques sur la littérature contemporaine, sur la dynamique de la traduction et sur le pouvoir de la narration de transcender les barrières culturelles. L'accueil positif et l'importante couverture médiatique ont non seulement accru la visibilité de l'œuvre de Han Kang, mais ont également contribué à un dialogue plus large sur l'importance de la littérature dans le monde interconnecté d'aujourd'hui.

La vaste publicité faite autour de « La végétarienne » a indéniablement élargi la portée de la littérature coréenne, en favorisant les échanges interculturels et en encourageant une appréciation plus profonde des différents récits. En outre, la visibilité accrue de Han Kang a servi de source d'inspiration pour les écrivains et les créateurs émergents, témoignant ainsi de l'impact de la persévérance, de l'originalité et de la capacité de la littérature à trouver un écho à l'échelle mondiale. Alors que la notoriété de Han Kang continuait de croître dans le milieu littéraire, son œuvre a ouvert la voie à des explorations enrichissantes de l'identité, des normes sociétales et de la transformation personnelle, aussi bien dans le domaine de la littérature que dans celui du discours public. Grâce à la convergence des médias et de la publicité, la vision artistique de Han Kang a transcendé les frontières géographiques, laissant une marque indélébile sur le paysage littéraire et renforçant le langage universel de la narration.

Impact sur la littérature coréenne : un précédent

La percée littéraire de Han Kang avec « La végétarienne» a eu un impact profond, remodelant le paysage de la littérature coréenne et créant un précédent pour les futures générations d'écrivains. Premier auteur coréen à recevoir le prix international Man Booker, Han Kang a attiré l'attention du monde entier sur la richesse et la profondeur des œuvres littéraires coréennes, ouvrant ainsi la voie à la reconnaissance internationale d'autres écrivains coréens. Le succès de "La végétarienne" a également suscité une réévaluation de la littérature coréenne tant au niveau national qu'international, remettant en question les idées préconçues et les stéréotypes sur la culture coréenne et les traditions narratives.

La prose lyrique, les thèmes évocateurs et les récits puissants de Kang ont constitué une source d'inspiration pour les écrivains coréens émergents, en leur donnant l'envie d'explorer des récits non conventionnels et de plonger dans des expériences humaines complexes. Ce changement dans le paysage littéraire a déclenché une renaissance de la littérature coréenne, ouvrant une nouvelle ère d'innovation et d'expression artistique. En outre, le succès de Kang a entraîné une augmentation du soutien et de l'investissement dans la traduction et la promotion de la littérature coréenne dans le monde entier, amplifiant encore la voix des écrivains coréens sur la scène mondiale.

Par ailleurs, l'impact de Mme Kang dépasse le domaine de la littérature et contribue à une renaissance culturelle plus large en Corée du Sud. Sa renommée internationale a suscité un sentiment de fierté et d'enthousiasme pour les arts et la culture coréens, renforçant la position du pays en tant que pôle d'excellence créative. Grâce à ses réalisations littéraires, Mme Kang est devenue un symbole de la diplomatie culturelle, favorisant une meilleure compréhension et une plus grande appréciation du riche patrimoine artistique de la Corée.

Dans le monde universitaire, ses œuvres sont devenues des sujets d'étude et d'analyse, enrichissant le discours scientifique sur la littérature coréenne contemporaine et les études postcoloniales. Son influence se fait sentir non seulement dans les cercles littéraires, mais aussi dans les salles de classe et les amphithéâtres du monde entier, où ses œuvres sont étudiées pour la profondeur de leurs récits et leurs commentaires incisifs sur la société moderne.

En créant un précédent pour la littérature coréenne sur la scène internationale, Han Kang a modifié de manière indélébile la trajectoire de l'histoire littéraire coréenne, laissant une marque durable sur le monde des lettres et inspirant les générations futures à repousser les limites de la créativité et de la narration.

Préparation des œuvres futures : tirer parti du succès

Alors que le chef-d'œuvre littéraire de Han Kang, Le Végétarien, continue de résonner dans le paysage littéraire mondial, l'auteure se trouve à un tournant de sa carrière, prête à entamer la prochaine phase de son parcours artistique. Ce chapitre se penche sur la préparation méticuleuse et la prévoyance visionnaire qui guident Han Kang alors qu'elle exploite l'élan de son incroyable succès, la propulsant vers la création d'œuvres futures qui captiveront et interpelleront sans aucun doute les lecteurs du monde entier.

Forte de l'impact profond de « La végétarienne » sur la littérature coréenne, Han Kang aborde ses projets à venir avec un sens des responsabilités et une volonté inébranlable de maintenir le niveau de narration qui est associé à son œuvre. Alors que les attentes à l'égard de ses prochains ouvrages sont très élevées, Han Kang est prête à se montrer à la hauteur, forte du pouvoir de transformation de « La végétarienne » et de sa réception dans les sphères littéraires locales et mondiales.

Un aspect essentiel de l'approche de Han Kang réside dans sa profonde immersion dans diverses influences culturelles et littéraires. S'inspirant de ses propres expériences et de la riche tapisserie de l'histoire et de la société coréennes, elle cherche à imprégner ses futurs récits d'une interaction nuancée entre le personnel et le collectif, en veillant à ce que ses œuvres à venir offrent de nouvelles perspectives tout en restant ancrées dans l'éthique qui définit sa voix unique en tant qu'écrivaine.

Par ailleurs, le succès international de « La végétarienne » a ouvert de nouvelles perspectives à Han Kang, lui offrant l'opportunité d'aborder un plus grand nombre de thèmes et d'explorer des récits qui dépassent les frontières géopolitiques. La préparation de ses œuvres futures implique des recherches approfondies et un engagement interdisciplinaire, en tirant parti des dialogues interculturels et des échanges littéraires pour enrichir ses créations futures d'une résonance universelle.

Les collaborations avec des traducteurs, des éditeurs et des spécialistes de la littérature issus de différents milieux culturels constituent un élément essentiel de la préparation des œuvres futures de Han Kang, qui témoigne de son engagement à transcender les barrières linguistiques et culturelles. En cultivant un réseau de collaborateurs qui partagent sa vision, Han Kang souhaite que ses futurs écrits trouvent un écho authentique auprès des lecteurs du monde entier, en conservant l'essence de ses récits, quelle que soit la langue dans laquelle ils sont lus.

Ainsi, alors que Han Kang s'engage dans ses futurs projets littéraires, elle se fortifie en s'engageant fermement à perfectionner son art, à embrasser la diversité et à aborder des thèmes complexes avec une clarté inébranlable. Grâce à ses efforts rigoureux pour tirer parti du succès de « La végétarienne », Han Kang apparaît comme une auteure prête à redéfinir les contours de la littérature contemporaine, mêlant habilement tradition et innovation pour forger des récits qui communiquent avec l'esprit humain à une échelle véritablement universelle.

5

Une plongée en profondeur dans « La végétarienne »

Thèmes et impact

Introduction

Le roman de Han Kang, La végétarienne, est une exploration approfondie de la nature humaine, des pressions sociétales et des complexités de l'identité. Ce chef-d'œuvre littéraire, qui sert de point d'entrée dans les préoccupations thématiques et le style narratif de Han Kang, plonge dans les rouages de l'esprit humain et les subtilités de la transformation personnelle. Le roman captive les lecteurs par sa prose évocatrice et son intrigue qui donne à réfléchir, remettant en question les croyances conventionnelles et repoussant les limites des normes culturelles.

Au fil du récit, le lecteur est plongé dans un monde où la décision du protagoniste de devenir végétarienne déclenche une chaîne d'événements qui défont le tissu de son existence et de celles de ses proches. Ce choix audacieux devient alors un catalyseur pour examiner l'intersection entre l'action personnelle, la santé mentale et les contraintes imposées par les attentes de la société. Grâce à une composition structurelle méticuleuse, Kang tisse un récit à plusieurs niveaux qui invite les lecteurs à contempler la nature du désir, du contrôle et de la poursuite de l'autonomie individuelle dans les limites de la tradition et du devoir familial.

Le rythme délibéré de l'intrigue permet un déploiement progressif des troubles intérieurs de la protagoniste et des répercussions de sa défiance, ce qui incite les lecteurs à s'intéresser de plus près aux courants thématiques sous-jacents. Ce voyage introspectif incite les lecteurs à s'interroger sur leur propre perception de l'identité, de l'action et de l'influence des forces extérieures sur les choix personnels. En fin de compte, « La végétarienne » a un impact durable grâce à son savant entrelacement de profondeur psychologique, de commentaires sociétaux et de symbolisme poétique, qui met en évidence la capacité inégalée de Kang à insuffler à ses récits une profondeur philosophique et une résonance émotionnelle. En explorant l'interconnexion des choix personnels, des contraintes culturelles et de l'inébranlable quête d'identité, La végétarienne jette les bases d'une exploration enrichissante de l'expérience humaine qui se répercute bien au-delà des pages du roman.

Aperçu de l'intrigue et composition structurelle

Dans « La végétarienne», Han Kang tisse un récit captivant qui plonge dans les méandres complexes de la psychologie humaine et des attentes de la société. L'intrigue se déroule en trois parties distinctes, chacune présentant une perspective unique sur la protagoniste, Yeong-hye, et sa décision non conventionnelle de renoncer à la consommation de viande. La composition structurelle du roman est essentielle pour illustrer la désintégration progressive de l'identité de Yeong-hye et l'impact profond qu'elle a sur son entourage. À travers une séquence d'événements soigneusement élaborée, l'auteure explore les tensions sous-jacentes au sein de la famille de Yeong-hye et du milieu social au sens large.

Le roman s'ouvre sur le point de vue du mari de Yeong-hye, M. Cheong, dont la narration détachée et égocentrique ouvre la voie à la transformation troublante de sa femme. Au fil de l'histoire, l'accent est mis sur le beau-frère de Yeong-hye, un artiste qui est captivé par sa présence énigmatique et qui l'utilise comme muse pour son art de plus en plus provocateur. La dernière partie du récit est racontée par la sœur de Yeong-hye, qui donne un aperçu de la complexité des relations familiales et de l'agitation émotionnelle persistante résultant des choix de Yeong-hye.

L'utilisation stratégique de narrateurs et de points de vue multiples ajoute de la profondeur à la narration, permettant aux lecteurs de comprendre les personnages et leurs motivations sous de multiples facettes. Kang utilise magistralement cette technique narrative pour mettre en lumière l'interconnexion des expériences des personnages et l'influence omniprésente des normes culturelles sur leur vie. Ce jeu complexe de perspectives contribue aux thèmes généraux de l'aliénation, du contrôle et de la subversion des conventions sociétales.

En outre, la structure compositionnelle de « La végétarienne » complète l'exploration thématique de l'autonomie et de l'initiative. Chaque partie du roman constitue une étape distincte de la métamorphose de Yeong-hye, dépeignant l'évolution de son paysage intérieur et les répercussions profondes de ses choix. L'agencement méticuleux des événements et des interactions entre les personnages souligne les implications profondes de l'acte de défi apparemment singulier de Yeong-hye, mettant en évidence les conséquences de la non-conformité.

En orchestrant méticuleusement l'intrigue et les éléments structurels, Kang invite les lecteurs à un voyage qui donne à réfléchir, qui remet en question les récits conventionnels et qui confronte les perceptions dominantes de l'action individuelle et des attentes de la société. « La végétarienne » témoigne de la capacité de Kang à élaborer un récit qui saisit les nuances subtiles de l'expérience humaine tout en offrant un commentaire incisif sur les forces qui façonnent nos identités et nos relations.

La complexité du développement des personnages

Le développement des personnages dans « La végétarienne» est un processus nuancé et multicouche qui se déploie tout au long du récit, offrant un aperçu profond de la psyché humaine et de ses complexités. La protagoniste, Yeong-hye, subit une profonde transformation, passant d'une femme au foyer apparemment docile à un individu résolu qui défie les normes sociétales et les attentes familiales. Grâce à une attention méticuleuse aux détails, Kang crée des personnages profonds qui suscitent de l'empathie pour leurs luttes internes et leurs conflits externes.

Le cheminement de Yeong-hye vers le végétarisme sert de catalyseur au développement de son personnage, symbolisant son rejet des rôles et des conventions traditionnels de la société. Au fur et à mesure que le récit progresse, ses troubles intérieurs et sa désintégration psychologique deviennent palpables, soulignant la nature complexe de sa transformation. Kang dépeint habilement les émotions et les motivations contradictoires qui sous-tendent les choix de Yeong-hye, brouillant les lignes entre la santé mentale et la folie, la conformité et la rébellion.

En outre, les personnages secondaires de « La végétarienne» ne sont pas simplement des figures périphériques, mais des éléments essentiels de l'évolution de Yeong-hye. Son mari, M. Cheong, incarne des attitudes patriarcales et tente d'exercer un contrôle sur Yeong-hye, ce qui entraîne des luttes de pouvoir dynamiques au sein de leur relation. À l'inverse, le beau-frère de Yeong-hye, un artiste, est captivé par son comportement non conventionnel et cherche à capturer son essence dans son art, tout en étant aux prises avec ses propres désirs et obsessions.

Le portrait que dresse Kang de ces personnages tisse de manière complexe leur histoire, leurs désirs et leurs peurs, créant une tapisserie de relations interconnectées qui se façonnent et s'influencent les unes les autres. Les subtilités de leurs interactions soulignent la complexité de la nature humaine et la façon dont les individus naviguent entre leurs désirs personnels et les attentes de la société.

De plus, l'exploration thématique de la santé mentale et de l'action personnelle ajoute une couche supplémentaire à l'évolution des personnages. Grâce à une prose vive et sensorielle, Kang plonge dans le paysage intérieur des personnages, mettant en lumière leurs vulnérabilités et leurs forces. Le réalisme psychologique de la représentation de leurs conflits intérieurs trouve un écho profond chez les lecteurs, favorisant une compréhension approfondie des luttes universelles auxquelles les personnages sont confrontés.

En fin de compte, les subtilités du développement des personnages dans « La végétarienne» transcendent les limites de la page, invitant les lecteurs à contempler les profondeurs de l'expérience humaine et les subtilités de la transformation personnelle.

Symbolisme et langage métaphorique

Dans ce roman, Han Kang tisse magnifiquement une tapisserie de symboles et de métaphores qui enrichissent le récit de plusieurs couches de sens et de profondeur. Le recours au symbolisme tout au long du roman permet d'élucider le fonctionnement interne de l'esprit des personnages et les forces sociétales en jeu, créant ainsi une expérience littéraire riche et profonde pour les lecteurs. L'un des symboles les plus marquants du roman est la transformation de Yeong-hye en arbre, qui constitue une métaphore puissante de son désir de libération et d'autonomie par rapport aux contraintes des normes et des attentes de la société. Cette transformation symbolise également un lien profond avec la nature, reflétant les instincts primaires et les désirs indomptés qui sommeillent en chaque individu. Par ailleurs, l'absence de viande devient un puissant symbole de défiance à l'égard de l'ordre établi, signalant une rébellion contre les conventions qui dictent les choix de vie et l'identité de chacun. L'absence de viande, traditionnellement associée à la subsistance et à la vitalité, représente brutalement le rejet par Yeong-hye des attentes de la société et sa quête de nourriture spirituelle dans un monde qui cherche à l'enfermer.

Par ailleurs, le motif récurrent du sang, souvent utilisé pour représenter la violence et le sacrifice, met en évidence l'impact viscéral des pressions sociétales et de la domination patriarcale sur le personnage principal, en soulignant l'érosion de son pouvoir et de son identité. Cette utilisation métaphorique du sang invite les lecteurs à contempler le pouvoir destructeur des normes sociétales et la résilience nécessaire pour transcender ces forces oppressives. La maîtrise du langage de Kang élève le symbolisme de « La végétarienne » à un niveau complexe, insufflant à chaque métaphore une imagerie évocatrice et une profonde résonance thématique. La métamorphose des personnages et du monde naturel, entrelacée de sous-entendus mythiques, amplifie la richesse allégorique du récit et invite les lecteurs à plonger dans les domaines subconscients de l'expérience humaine. Grâce à son utilisation habile du langage métaphorique, Kang oblige les lecteurs à démêler les complexités de la condition humaine et à se confronter à l'influence omniprésente des constructions sociétales. Ce paysage symbolique transcende les frontières de l'écrit, résonne de vérités universelles et invite à une profonde introspection. En plongeant dans les subtilités du symbolisme et du langage métaphorique dans « La végétarienne », nous sommes confrontés à un récit qui transcende le banal et murmure des vérités profondes sur l'esprit humain et son combat permanent pour l'émancipation et la découverte de soi.

Exploration des normes sociétales et rébellion

Dans « La végétarienne», Han Kang dissèque habilement les normes sociétales et la notion de rébellion à travers le prisme de ses personnages. Le roman élucide les complexités des attentes de la société, en particulier dans le contexte de la culture sud-coréenne, où le conformisme est souvent prisé. À travers la décision non conventionnelle du protagoniste de rejeter la viande, Mme Kang plonge dans les traditions et les normes culturelles profondément ancrées qui régissent la vie de tous les jours. Cette rébellion contre la norme alimentaire sert de métaphore à des contraintes sociétales plus larges et à la résistance silencieuse contre le conformisme. Han Kang dépeint avec expertise les actions de la protagoniste comme une subversion des attentes de la société, démêlant subtilement les subtilités des rôles traditionnels des hommes et des femmes ainsi que la domination patriarcale. L'exploration des normes sociétales et de la rébellion est encore renforcée par le réseau complexe de pressions familiales, sociales et culturelles qui étouffent l'autonomie individuelle. Grâce à une narration nuancée, Mme Kang incite les lecteurs à remettre en question le statu quo et à envisager les conséquences du conditionnement sociétal. Sa représentation de la rébellion comme un acte d'affirmation de soi et d'autonomie incite les lecteurs à s'interroger sur leur propre complicité dans la perpétuation des normes sociétales. En outre, le roman invite à contempler les conséquences d'un écart par rapport aux normes établies, offrant une critique convaincante des mécanismes sociétaux qui étouffent la liberté individuelle. Le thème général des normes sociétales et de la rébellion constitue une réflexion stimulante sur la condition humaine et la lutte perpétuelle entre l'action individuelle et le conformisme sociétal. L'examen habile de ces thèmes par Kang élève « La végétarienne » au-delà d'un simple récit et le transforme en un commentaire poignant sur la nature de l'oppression sociétale et le pouvoir de la défiance personnelle.

Désintégration de l'identité et de la personnalité

Dans « La végétarienne », Han Kang explore de façon magistrale la désintégration de l'identité et de l'identité personnelle en décrivant le parcours de transformation de la protagoniste sous un angle poignant et introspectif. L'exploration de ce thème dans le roman est profondément nuancée, puisqu'elle suit l'évolution psychologique de Yeong-hye, la protagoniste, et son détachement progressif des attentes de la société et des normes conventionnelles. À travers une série de vignettes obsédantes et évocatrices, Kang expose la fragilité de l'identité humaine et la façon dont les pressions extérieures peuvent corroder le sentiment de soi. L'auteur rend avec art les conflits internes et les crises existentielles auxquels Yeong-hye est confrontée, offrant aux lecteurs un portrait profond des complexités inhérentes au processus de découverte de soi. Au fil du récit, nous assistons aux tentatives de plus en plus radicales de Yeong-hye pour recouvrer l'autonomie sur son propre corps et sa propre existence, ce qui aboutit finalement à un rejet total des constructions sociétales et à une poursuite fervente de l'action individuelle.

La prose méticuleuse de Kang et le développement astucieux des personnages dévoilent un discours stimulant sur la nature de l'identité, invitant les lecteurs à contempler les frontières fragiles entre le conformisme et l'expression de soi. En outre, la désintégration de l'identité dans « La végétarienne » suscite une réflexion plus large sur l'expérience humaine universelle, en résonnant avec les lecteurs à un niveau fondamental. Cette exploration thématique oblige les lecteurs à se confronter à leur propre relation avec les attentes de la société et l'authenticité personnelle, ce qui favorise un engagement profond dans le récit. En disséquant les couches de l'identité et de l'identité personnelle, Kang crée une résonance profonde et durable avec le lecteur, créant un paysage littéraire qui transcende les frontières culturelles et temporelles. La désintégration de l'identité et de l'identité personnelle servent de véhicule puissant pour la contemplation existentielle, marquant la pierre angulaire thématique de « La végétarienne ». Il s'agit d'un témoignage de la capacité inégalée de Kang à créer des récits qui résonnent au cœur de la conscience humaine.

Dynamique interpersonnelle et tensions familiales

Dans « La végétarienne», Han Kang explore avec brio le réseau complexe des dynamiques interpersonnelles et des tensions familiales, plongeant dans les subtilités des relations humaines et de leurs conflits inhérents. Les interactions entre les personnages sont disséquées avec précision, exposant les tensions sous-jacentes qui se cachent souvent sous la surface d'une vie de famille apparemment ordinaire. À travers la décision de la protagoniste de devenir végétarienne, Kang démêle habilement les fils complexes qui lient les individus au sein d'une unité familiale. Le roman explore de manière captivante l'impact des choix d'une personne sur la dynamique familiale et les conflits qui en découlent. Les traditions profondément enracinées et les attentes de la société exacerbent les tensions familiales, créant une atmosphère palpable de malaise et de discorde. La représentation de cette dissonance témoigne de la fine compréhension qu'a Kang des émotions humaines et de la complexité des relations familiales.

Au fil du récit, le lecteur est confronté à l'impact profond que la transformation personnelle peut avoir sur les liens familiaux, ainsi qu'à l'effet d'entraînement de la rébellion d'un individu contre les normes sociétales. Grâce aux interactions nuancées entre les personnages et à la profondeur psychologique, Kang souligne les luttes universelles au sein des familles, décrivant le conflit entre les désirs personnels et les obligations familiales bien ancrées. La tension qui en résulte est palpable et touche les lecteurs à un niveau émotionnel profond. Les tensions familiales décrites dans « La végétarienne » transcendent les frontières culturelles, offrant une représentation poignante et réaliste de l'équilibre délicat entre autonomie individuelle et attentes de la famille. Les courants émotionnels sous-jacents et la dynamique du pouvoir au sein du cadre familial servent de microcosme à des constructions sociétales plus larges, invitant les lecteurs à s'interroger sur leurs propres expériences familiales et sur la nature universelle des tensions interfamiliales. L'évocation par Kang des dynamiques familiales turbulentes est rendue avec une authenticité émotionnelle frappante, imprégnant le récit d'un profond sens du réalisme et de l'émotion. Cette exploration des dynamiques interpersonnelles et des tensions familiales dans « La végétarienne » élève le roman au-delà d'un simple examen des choix personnels, en offrant une riche tapisserie des relations humaines et des complexités qui les sous-tendent. L'extraordinaire capacité de Han Kang à plonger dans les profondeurs des émotions et des relations humaines culmine dans une représentation des subtilités des tensions familiales qui donne à réfléchir et résonne profondément.

Contexte culturel et impact narratif

Le contexte culturel dans lequel se situe « La végétarienne » a une profonde influence sur son impact narratif, car il tisse de manière complexe les valeurs, les attentes et les tabous de la société dans la tapisserie de l'histoire. Han Kang plonge habilement dans les complexités de la société sud-coréenne, explorant la relation intrinsèque entre l'individualité et les normes collectives. À travers les yeux de ses personnages, elle dépeint les pressions et les contraintes exercées par les structures familiales et sociétales traditionnelles, offrant aux lecteurs un portrait captivant des tensions entre autonomie personnelle et conformisme sociétal. La description par Han Kang des choix non conventionnels du protagoniste et du rejet sociétal qui s'ensuit sert de critique à la rigidité des attentes culturelles, mettant en lumière les difficultés rencontrées par ceux qui cherchent à remettre en question les normes établies.

En outre, l'impact narratif du roman dépasse les limites de son cadre culturel et trouve un écho auprès du public mondial grâce à ses thèmes universels et à son exploration de la nature humaine qui incite à la réflexion. Le mélange distinct de surréalisme, de profondeur psychologique et de commentaire social crée un récit qui transcende les frontières géographiques, offrant un aperçu de la condition humaine et des complexités de l'existence. On ne peut ignorer les implications puissantes de «La végétarienne», qui invite à l'introspection et à la contemplation de l'interaction entre l'action individuelle, les pressions sociétales et la poursuite de la libération personnelle.

En outre, l'impact narratif de ce roman se manifeste par sa capacité à susciter des conversations et des dialogues sur les rôles des hommes et des femmes, la stigmatisation de la santé mentale et le conflit entre les valeurs traditionnelles et contemporaines. En démêlant les couches des attentes sociétales et culturelles, le roman sert de catalyseur à un discours critique, invitant les lecteurs à réévaluer leurs perceptions et leur compréhension des constructions sociétales. Cet effet transformateur propulse « La végétarienne» au-delà du simple récit, le positionnant comme un instrument de réflexion socioculturelle et d'illumination.

En conclusion, le contexte culturel qui imprègne « La végétarienne» renforce son impact narratif et lui confère une richesse multidimensionnelle qui s'étend bien au-delà des limites de l'intrigue. L'exploration habile par Han Kang des normes sociétales, de l'action personnelle et des aspirations existentielles résonne profondément, laissant une marque indélébile sur les paysages littéraires du monde entier et incitant à une contemplation profonde de l'interaction complexe entre la culture, l'individualité et l'expérience humaine.

Réception et interprétation par la critique

La réception et l'interprétation de "La végétarienne" de Han Kang ont contribué de manière significative à son impact durable sur la littérature contemporaine. Les critiques du monde entier se sont profondément intéressés à ce roman, proposant des analyses multiformes qui mettent en lumière sa richesse thématique et ses subtilités narratives. Des universitaires et des spécialistes de la littérature se sont penchés sur les profondes dimensions culturelles et psychologiques qui s'entremêlent dans le texte, affirmant son statut de chef-d'œuvre qui donne à réfléchir. L'exploration de la transformation de Yeong-hye et de son défi aux attentes de la société a suscité des discussions passionnantes sur la représentation de l'action et de l'autonomie féminines. Les critiques ont salué la prose évocatrice de Kang et sa capacité à créer une représentation immersive et obsédante des luttes humaines.

En outre, l'exploration par le roman de la santé mentale, du désir et des contraintes de la conformité a suscité des dialogues perspicaces sur la représentation de ces thèmes dans la littérature contemporaine. Les critiques ont également souligné le symbolisme à plusieurs niveaux et le langage métaphorique employés par Kang, soulignant la beauté énigmatique et la complexité du récit. La juxtaposition des normes culturelles traditionnelles coréennes et des choix peu orthodoxes de la protagoniste a également suscité des réflexions sur le conflit entre les désirs individuels et les pressions sociétales.

Enfin, l'analyse critique du roman sur la marchandisation du corps des femmes et les liens entre pouvoir et vulnérabilité a été rigoureusement menée, donnant lieu à des discussions poignantes sur les politiques de genre et la condition humaine. La diversité des points de vue critiques a mis en évidence la capacité du roman à résonner au-delà des frontières culturelles, transcendant les limites géographiques pour offrir des perspectives universelles sur l'expérience humaine. En substance, la réception et l'interprétation du roman par les critiques ont non seulement enrichi notre compréhension de cet ouvrage, mais elles ont également cimenté sa position en tant qu'œuvre séminale dans la littérature mondiale contemporaine. Ce roman invite à une contemplation fervente et à un discours érudit pour les années à venir.

L'héritage et l'influence durable de "La végétarienne"

Le roman, acclamé dans le monde entier, a laissé une marque indélébile sur la littérature contemporaine, cimentant son héritage durable et influençant une myriade de conversations artistiques, culturelles et sociopolitiques. Son impact durable s'étend bien au-delà du domaine de la critique littéraire, suscitant des dialogues interdisciplinaires et inspirant de nouvelles générations d'écrivains et de penseurs.

L'un des héritages les plus remarquables de « La végétarienne» réside dans sa profonde exploration de la conscience humaine, du désir et des contraintes sociétales qui régissent l'action individuelle. En décrivant sans fard la transformation personnelle et la résistance aux normes sociétales, le roman continue de servir de catalyseur aux discussions sur le bien-être mental, l'autonomie et les complexités de l'expérience humaine. En outre, « La végétarienne» a largement contribué à repousser les limites de la forme et de l'expérimentation littéraires contemporaines. Sa structure narrative non conventionnelle et son utilisation évocatrice du symbolisme ont incité une génération d'écrivains à repousser les limites de la narration, à remettre en question les conventions littéraires traditionnelles et à amplifier la diversité de l'expression créative. De plus, la réception mondiale et la traduction de « La végétarienne » ont facilité un dialogue interculturel enrichissant, favorisant une meilleure compréhension de la littérature sud-coréenne et remettant en question les notions dominantes de canons littéraires. Cette transcendance des frontières géographiques a intensifié l'influence du roman, qui est devenu un emblème poignant de l'interconnexion et de l'universalité des émotions et des luttes humaines.

La richesse thématique et la nature provocatrice du roman ont par ailleurs suscité des discussions sociopolitiques plus larges, invitant à des débats sur la dynamique des genres, l'autonomie corporelle et la violence subtile, mais omniprésente, contenue dans les attentes de la société. L'importance du roman dépasse le domaine de l'esthétique pure et devient un outil essentiel de critique sociale et d'introspection. Au fil des ans, « La végétarienne » continue d'être étudié, célébré et débattu, affirmant sa pertinence durable et perpétuant son impact transformateur sur la culture contemporaine. Si les spécificités de son héritage peuvent évoluer avec le temps, la capacité du roman à provoquer la contemplation, à inspirer l'empathie et à remettre en question les idéologies enracinées lui assure une place d'œuvre intemporelle qui continuera à façonner le paysage littéraire pour les générations à venir.

6

Affronter l'histoire

Les actes humains et le soulèvement de Gwangju

Introduction au soulèvement de Gwangju : contexte historique

Le soulèvement de Gwangju, également connu sous les noms de soulèvement démocratique du 18 mai ou mouvement de démocratisation de Gwangju, revêt une importance historique considérable en Corée du Sud. Les événements survenus du 18 au 27 mai 1980 dans la ville de Gwangju, qui ont bouleversé le tissu social d'une nation en quête de démocratie, résonnent comme un symbole poignant de la résistance à l'oppression autoritaire. Suite à la déclaration de la loi martiale après des troubles politiques et des manifestations d'étudiants, les citoyens de Gwangju ont défié la loi en réclamant la liberté politique et les droits civiques.

Ce soulèvement a marqué un tournant dans l'histoire moderne de la Corée, mettant en lumière la lutte pour la démocratisation et l'action politique. Les répercussions du soulèvement de Gwangju se sont fait sentir au-delà de la ville, galvanisant un mouvement national pour la démocratie et façonnant finalement la trajectoire de la gouvernance de la Corée du Sud. Les sacrifices consentis par les personnes courageuses qui ont tenu bon face à la répression violente et aux atrocités commises en matière de droits de l'homme sont gravés dans la mémoire collective de la nation. Leur résilience a suscité une vague de solidarité et d'activisme, faisant du soulèvement une pierre angulaire de la quête de gouvernance démocratique de la Corée du Sud. Alors que nous nous penchons sur les liens entre Han Kang et Gwangju, il est essentiel de saisir le contexte historique qui sous-tend son exploration littéraire de cette période profonde. En comprenant la toile de fond tumultueuse dans laquelle le soulèvement de Gwangju s'est déroulé, nous comprenons mieux l'impact durable des traumatismes historiques sur les récits individuels et collectifs.

Han Kang et Gwangju : liens personnels et familiaux

L'exploration littéraire du soulèvement de Gwangju par Han Kang dans son roman Actes humains est intimement liée à son histoire personnelle et familiale. L'impact profond de cet événement historique sur sa vie et son écriture est évident dans la profondeur émotionnelle et la description poignante de la souffrance humaine dans le récit. Née à Gwangju en 1970, un an avant les événements tragiques du 18 mai 1980, Han Kang a grandi au milieu des répercussions du soulèvement. Les expériences vécues par sa famille durant cette période tumultueuse ont profondément influencé sa compréhension des traumatismes, de la résilience et du pouvoir durable de la narration. Par conséquent, son lien avec Gwangju ne relève pas simplement d'un lien géographique ; il est profondément ancré dans la mémoire collective et les expériences vécues qui ont façonné son identité.

Comprendre les liens personnels et familiaux qui unissent Han Kang à Gwangju permet de mieux appréhender l'authenticité viscérale avec laquelle elle dépeint les conséquences du soulèvement dans Actes humains. En outre, sa relation intime avec la ville et ses habitants constitue la base de l'empathie qui imprègne son écriture. L'héritage du soulèvement de Gwangju est étroitement lié à l'histoire de la famille de Han Kang, puisque son père, Han Seung-won, était un écrivain de renom dont le travail a permis de mettre au jour les histoires inédites des victimes du massacre, contribuant ainsi à la préservation de leur mémoire.

Cet héritage familial, qui consiste à témoigner des traumatismes historiques et à lutter pour la justice, a façonné de manière indélébile la vision créative de Han Kang. Actes humains est donc un témoignage de son engagement inébranlable à honorer les voix silencieuses de Gwangju. En plongeant dans ses liens personnels et familiaux, nous comprenons mieux le poids émotionnel et l'impératif éthique qui sous-tendent l'examen par Han Kang du soulèvement de Gwangju. Son parcours transformateur, entrelacé avec l'esprit durable de la ville, enrichit la tapisserie narrative de Actes humains, lui insufflant un sens inégalé de l'authenticité et une résonance émotionnelle brute. En explorant le lien entre Han Kang et Gwangju à un niveau aussi intime, les lecteurs ont accès aux sources profondes de l'empathie et de la force d'âme qui sous-tendent son art, et comprennent l'importance du roman en tant que témoignage puissant de la capacité humaine à se souvenir et à faire preuve de résilience.

Les actes humains : aperçu de la structure et des thèmes du roman

Dans Actes humains, Han Kang explore avec brio l'expérience humaine dans le contexte tumultueux du soulèvement de Gwangju. Structuré de manière fragmentée mais interconnectée, le roman tisse des perspectives et des chronologies diverses pour peindre un tableau obsédant du traumatisme collectif et de la résilience individuelle. Grâce à son cadre narratif multi-dimensionnel, le roman offre une réflexion approfondie sur l'impact durable de la violence et sur la nature à la fois fragile et inébranlable de l'esprit humain. La structure non linéaire témoigne de manière poignante des souvenirs décousus et des vies brisées laissés dans le sillage d'une atrocité historique, et invite les lecteurs à se confronter à la réalité fragmentée de la mémoire et de l'histoire.

Sur le plan thématique, « Actes humains » explore les ramifications profondes de la violence sanctionnée par l'État et les marques indélébiles qu'elle laisse à la fois sur la société et sur l'individu. Il aborde les complexités du témoignage et de la lutte contre les séquelles de la brutalité, offrant des aperçus saisissants sur la nature de la complicité, de la résistance et des échos persistants des traumatismes. En outre, le roman explore méticuleusement la notion d'agence et de responsabilité éthique face à une souffrance insondable, incitant à la contemplation des choix viscéraux faits dans le creuset du chaos et des bouleversements moraux.

Par sa profondeur thématique et sa complexité structurelle, « Actes humains » résonne comme une réflexion littéraire déchirante mais essentielle sur les liens inextricables entre l'histoire, la mémoire et la conscience humaine. Son examen approfondi de la capacité humaine à la fois à la cruauté et à la compassion a des répercussions qui vont bien au-delà des limites de son récit, poussant les lecteurs à se confronter aux vérités inconfortables qui sous-tendent les ruptures sociétales et les remises en question personnelles. En naviguant dans les couloirs labyrinthiques des voix narratives et des changements temporels de « Actes humains », nous sommes confrontés non seulement à une représentation vivante de l'angoisse historique, mais aussi à une invitation à nous engager dans les questions omniprésentes de l'appartenance, de la culpabilité et de la quête durable de justice.

Les voix de la résistance : analyse des personnages dans Actes humains

Dans Actes humains, Han Kang saisit de manière experte les récits personnels d'individus mêlés à la trame du soulèvement de Gwangju. L'analyse des personnages révèle une palette de résilience, d'angoisse et de défi inébranlable dans des circonstances pénibles. À travers le portrait nuancé de divers personnages tels que Dong-ho, Jeong-dae et Eun-sook, Kang éclaire avec sensibilité les multiples facettes de la réponse humaine à la brutalité et à l'oppression.

Dong-ho apparaît comme un symbole poignant de l'innocence juvénile brusquement confrontée aux réalités brutales de la violence d'État. Son passage à l'âge adulte est marqué par la tragédie de la perte, mais son esprit inébranlable incarne la ténacité de l'espoir au milieu du désespoir. D'autre part, l'engagement inébranlable de Jeong-dae dans la résistance fait écho à l'esprit indomptable d'une population qui ne veut pas succomber à l'asservissement. Son personnage incarne la force d'âme face à la tyrannie.

Par ailleurs, la trame narrative d'Eun-sook révèle l'impact profond d'un traumatisme indicible sur la psyché de l'individu. Son trouble introspectif reflète les profondes cicatrices laissées par les atrocités commises pendant le soulèvement, soulignant les répercussions psychologiques durables de la souffrance collective. La description astucieuse que Kang fait des luttes internes d'Eun-sook sert de lentille puissante grâce à laquelle les lecteurs comprennent les répercussions durables des traumatismes historiques.

À travers ces portraits complexes, Kang construit magistralement une tapisserie d'expériences humaines, chacune chargée d'un défi inflexible et d'une quête de justice. Les personnages de «Actes humains » dépassent le simple cadre d'entités fictives ; ils deviennent les vecteurs à travers lesquels les courants émotionnels profonds d'une génération s'expriment, obligeant finalement les lecteurs à se confronter à l'héritage durable des bouleversements historiques et à la résilience de l'esprit humain.

Représentation de la brutalité et de l'empathie : impact narratif

Dans la tapisserie complexe de « Actes humains », Han Kang tisse magistralement un récit qui confronte les réalités brutales du soulèvement de Gwangju tout en explorant les profondeurs de l'empathie humaine. La description de la brutalité dans le roman n'est rien moins que viscérale, car Han Kang dévoile sans détour la violence et l'oppression pénibles endurées par les citoyens de Gwangju. Dans une prose qui prend aux tripes, elle met à nu le tribut physique et émotionnel infligé aux individus pris dans le maelström de l'agitation politique, refusant de dissimuler l'agonie et la souffrance brutes qui ont imprégné l'époque. Ce portrait sans complaisance oblige le lecteur à témoigner des atrocités commises et à s'interroger sur les enjeux éthiques de la situation. Cependant, au milieu de cette brutalité implacable, Kang entrelace habilement des fils d'empathie, mettant en lumière la résilience et la compassion qui brillent même dans les moments les plus sombres.

Grâce à des dynamiques nuancées de personnages et à des interactions poignantes, elle met en évidence la capacité humaine d'empathie, de solidarité et d'esprit inébranlable face à l'adversité. En juxtaposant la brutalité profonde avec ces aperçus d'empathie, Kang crée un récit qui résonne à un niveau profondément humain, incitant à l'introspection et à l'exploration de notre propre boussole morale. La juxtaposition de la brutalité et de l'empathie ne sert pas seulement de véhicule à la mémoire historique, mais constitue également un commentaire profond sur la condition humaine elle-même.

En assistant à la représentation immersive de la souffrance et de la solidarité, les spectateurs sont contraints de se confronter à des questions existentielles concernant la moralité, la résilience et l'essence même de l'humanité. La narration magistrale de Kang ne se contente pas de capturer l'histoire tumultueuse de Gwangju ; elle transcende également les frontières temporelles et géographiques, invitant un public mondial à s'engager sur les thèmes universels de la souffrance, de l'empathie et de l'espoir. Ce faisant, « Actes humains » devient plus qu'un simple récit d'événements historiques ; il émerge comme un témoignage poignant et stimulant du pouvoir durable de l'empathie au milieu de la brutalité des conflits humains.

La dignité humaine au milieu du chaos : exploration des conflits centraux

Dans l'exploration de « Human Dignity Amidst Chaos », Han Kang explore méticuleusement les paysages turbulents de la révolte de Gwangju et dissèque les conflits centraux qui émergent au milieu d'une brutalité et d'un chaos accablants. Le roman Actes humains examine de manière complexe la lutte fondamentale pour la dignité humaine face à une violence et une adversité indicibles. Kang tisse avec art une tapisserie de récits, chacun dépeignant à la fois la fragilité et la résilience de l'esprit humain dans le sillage de l'atrocité.

Au cœur de cette exploration se trouve une interrogation sur la capacité d'action morale et de prise de décision éthique dans un environnement caractérisé par l'ambiguïté morale et l'effondrement de la société. À travers ses personnages profondément nuancés, Kang explore la complexité des choix et des actions individuels qui interagissent avec les forces sociopolitiques plus vastes à l'œuvre pendant le soulèvement. Cette réflexion met en évidence la quête profonde de dignité et d'humanité au milieu de circonstances pénibles.

De plus, Kang décortique habilement la notion d'intégrité personnelle face à l'oppression systémique et à la déshumanisation. Le thème sous-jacent de la résistance aux forces déshumanisantes imprègne le récit, mettant en lumière le conflit inhérent entre la préservation de sa propre dignité et les structures oppressives qui cherchent à l'asservir. La description minutieuse de ces tensions incite à contempler la lutte permanente pour l'autonomie et l'estime de soi, même dans les environnements les plus pénibles.

Il explore notamment la dignité humaine au milieu du chaos et s'attaque ainsi aux marques indélébiles laissées par les traumatismes et la violence sur la psyché individuelle et collective. Kang capture de manière poignante la résilience et la vulnérabilité de l'esprit humain face aux répercussions durables des traumatismes historiques. En naviguant sur le terrain émotionnel de ses personnages, Kang invite les lecteurs à témoigner de l'interaction complexe entre la souffrance et la survie, insufflant au récit une émotion poignante qui résonne longtemps après la dernière page.

En fin de compte, « La dignité humaine au milieu du chaos » invite les lecteurs à se confronter aux profondes questions éthiques et morales qui se posent dans le creuset d'une agitation et d'un bouleversement sans précédent. Grâce à la narration magistrale de Kang, le chapitre de Actes humains se déploie comme un témoignage vivant de l'esprit persistant de l'humanité face à une obscurité inflexible, offrant un portrait sans faille de la quête durable de la dignité dans les courants tumultueux de l'histoire.

Moralité et ambiguïté : les questions éthiques de Han Kang

L'exploration par Han Kang de la moralité et de l'ambiguïté dans ses œuvres littéraires, en particulier dans le contexte du soulèvement de Gwangju dans « Actes humains », offre un aperçu profond des questions éthiques qui se posent en période de bouleversements et de conflits sociétaux. Le paysage moral de ses récits est caractérisé par des couches complexes d'expérience humaine où les frontières entre l'innocence et la complicité, la justice et l'injustice, et la résistance et la soumission sont constamment floues. L'une des questions éthiques centrales qui imprègne les écrits de Han Kang est l'examen de l'action et de la responsabilité individuelles face aux traumatismes collectifs et aux injustices historiques. À travers les dilemmes moraux et les conflits internes de ses personnages, elle explore les subtilités du comportement humain dans des circonstances extrêmes, incitant les lecteurs à se confronter à des vérités gênantes sur la capacité de l'humanité à faire preuve à la fois de cruauté et de compassion.

Kang navigue habilement dans les ambiguïtés éthiques de ses récits, refusant les catégorisations faciles du bien et du mal, et présentant au contraire une exploration nuancée des complexités de la moralité humaine. Elle utilise par ailleurs une approche à multiples facettes pour dépeindre les décisions morales et les actions de ses personnages, en décrivant le réseau complexe de motivations, de peurs et de désirs qui les poussent à faire des choix dans des situations pénibles. Cette représentation délibérée incite les lecteurs à s'engager de manière critique dans les dimensions éthiques du comportement humain, en les poussant à considérer l'interaction complexe des facteurs qui façonnent les réponses morales des individus. Ce faisant, Kang suscite un examen introspectif des propres croyances et attitudes éthiques des lecteurs, les invitant à se débattre avec les dilemmes universels de la moralité et de l'ambiguïté face aux traumatismes historiques.

Grâce à l'utilisation stratégique de techniques narratives, telles que le changement de perspective et la narration fragmentée, Mme Kang renforce la complexité éthique de ses œuvres et oblige les lecteurs à se confronter à la nature subjective des jugements moraux ainsi qu'à l'ambiguïté inhérente à l'interprétation d'événements historiques et d'expériences personnelles. En abordant ces questions éthiques, les écrits de Han Kang servent de plateforme pour contempler l'impact durable de l'histoire sur le discours moral contemporain, favorisant des dialogues significatifs sur la responsabilité, le pardon et la poursuite de la justice. En fin de compte, l'exploration par Kang de la moralité et de l'ambiguïté dans ses tapisseries littéraires enrichit non seulement le paysage intellectuel de ses récits, mais stimule également de profondes réflexions sur les complexités éthiques de l'existence humaine.

Entrelacement de la réalité et de la fiction : techniques littéraires

L'habileté de Han Kang à entremêler les faits et la fiction dans sa description d'événements historiques témoigne de ses remarquables talents d'écrivain. Dans « Actes humains », le mélange harmonieux de récits réels et de récits fictifs crée un portrait authentique et obsédant du soulèvement de Gwangju, où la frontière entre l'histoire et la narration devient floue. En intégrant à son récit des événements et des témoignages méticuleusement documentés, Mme Kang renforce non seulement l'authenticité du roman, mais honore également les expériences vécues par les personnes touchées par la tragédie.

Cette maîtrise de l'entrelacement des faits et de la fiction comble le fossé entre la littérature et la documentation historique, plongeant les lecteurs dans une relecture poignante et viscérale d'événements importants. De plus, la capacité de Kang à manipuler les lignes temporelles et les perspectives dans le roman ajoute de la profondeur et de la complexité à la narration. Grâce à d'habiles changements dans la voix narrative et la séquence temporelle, elle offre divers points de vue qui permettent de mieux comprendre les répercussions multiples du soulèvement de Gwangju. Cette fusion délibérée de vérités vérifiables et de récits imaginatifs permet de mettre en lumière l'interconnexion des histoires personnelles et collectives, en soulignant l'impact durable des bouleversements sociopolitiques.

En outre, l'utilisation par Kang du symbolisme et de l'imagerie renforce la résonance thématique du roman, en conférant au récit historique une signification allégorique universelle. L'usage d'une prose lyrique et de métaphores évocatrices accentue la gravité émotionnelle du récit et offre aux lecteurs une expérience immersive qui transcende le simple récit d'événements passés. En manipulant les procédés littéraires et la structure narrative, Mme Kang brouille les frontières entre la réalité et la fiction, remettant en question les distinctions conventionnelles et invitant les lecteurs à s'engager dans l'histoire à un niveau profondément personnel et introspectif. Son approche innovante de la représentation de la vérité historique à travers le prisme de la fiction illustre le pouvoir transformateur de la littérature dans la recontextualisation et la refonte de notre compréhension du passé.

Réception et critique : perspectives nationales et internationales

La réception du roman « Actes humains » de Han Kang a suscité un vif intérêt et un large éventail de réactions de la part des communautés littéraires nationales et internationales. En Corée du Sud, la sortie du roman « Actes humains » a suscité une introspection et des discussions intenses sur les événements de la révolte de Gwangju, ravivant les souvenirs collectifs et encourageant un dialogue sociétal renouvelé sur les traumatismes non résolus du passé. L'exploration par le roman de la souffrance humaine, de la résilience et de la quête de justice a trouvé un écho profond dans le paysage littéraire coréen, suscitant les éloges de la critique et les félicitations des lecteurs et des universitaires.

À l'inverse, « Actes humains » a attiré l'attention de la scène littéraire mondiale, où sa description poignante des bouleversements historiques et des récits individuels a transcendé les frontières culturelles. La critique internationale a salué la narration nuancée de Kang et sa capacité à naviguer dans les méandres du traumatisme et de la violence tout en préservant la dignité et l'authenticité de l'expérience humaine. Les critiques ont été émerveillés par sa capacité à transmettre l'universalité de la lutte humaine, en transcendant les limites linguistiques et géographiques.

Dans les universités, « Actes humains » est devenu un point central des débats, invitant à une analyse et une interprétation approfondies dans des disciplines telles que la littérature, l'histoire et les études sur les droits de l'homme. L'approche multidimensionnelle du roman face à l'héritage de la violence a suscité toute une série de discussions théoriques, soulignant le rôle de la littérature dans la lutte contre les injustices historiques et la promotion de la guérison sociétale. La fusion des faits et de la fiction par Kang a été examinée sous l'angle de l'éthique narrative, suscitant des enquêtes critiques sur les responsabilités éthiques de la fictionnalisation d'événements du monde réel et sur les implications pour la compréhension historique.

En outre, l'impact de « Actes humains » sur le domaine plus large de la littérature contemporaine ne peut être sous-estimé. Sa résonance s'est étendue au-delà du domaine du discours critique immédiat, influençant des œuvres ultérieures qui s'attaquent aux complexités du bilan historique et à la persévérance de l'esprit humain dans l'adversité. Le roman a contribué à un mouvement littéraire naissant centré sur la narration éthique et les obligations éthiques des écrivains à s'engager dans les paysages sociohistoriques dans lesquels ils vivent. À cet égard, « Actes humains » témoigne du pouvoir durable de la littérature à éclairer les profondeurs de l'expérience humaine et à affronter les traumatismes collectifs ancrés dans notre histoire commune.

Héritage et influence : les actes humains dans les dialogues mondiaux

Alors que les pages de « Actes humains » continuent de résonner des échos obsédants de l'histoire et de la souffrance humaine, son héritage durable transcende les frontières géographiques et les contextes culturels. Sur la scène mondiale, le récit poignant de Han Kang expose la trame universelle de la résilience humaine et de l'injustice, en veillant à ce que la détresse du soulèvement de Gwangju atteigne des publics dans diverses sociétés. Ce chapitre examine l'impact profond de « Actes humains » dans le cadre de divers dialogues mondiaux, et montre comment le roman est devenu une force indélébile qui façonne la mémoire collective et alimente les discussions sur l'activisme, la prise en compte de l'histoire et la résilience de l'esprit humain.

En examinant l'héritage de « Actes humains » à l'échelle transnationale, il devient évident que le roman a imprégné le discours universitaire, inspirant des enquêtes sur le soulèvement de Gwangju et les implications plus larges de la violence sanctionnée par l'État. Sa résonance dans les établissements d'enseignement, des amphithéâtres aux publications de recherche, souligne la pertinence durable des récits historiques dans la formation de la conscience sociopolitique contemporaine. En décrivant sans fard le soulèvement de Gwangju, « Actes humains » sert de phare à la recherche de la vérité et à l'empathie historique, incitant les lecteurs à affronter les tragédies collectives qui dorment souvent dans les annales de l'histoire nationale.

En outre, l'impact du roman dans les sphères littéraires et artistiques ne peut être surestimé. Sa réception dans le paysage littéraire mondial a engendré une pollinisation croisée des idées, les écrivains et les artistes s'inspirant de la prose évocatrice de Han Kang et de son exploration inflexible de la souffrance humaine. La détermination du protagoniste face à une adversité déchirante a favorisé une nouvelle appréciation de la résilience de l'esprit humain, suscitant des conversations sur les effets durables des traumatismes et le potentiel de guérison par l'art et la narration.

Par ailleurs, « Actes humains » a catalysé l'engagement public et le plaidoyer, amplifiant les voix des communautés marginalisées dans le monde entier. Sa traduction dans de nombreuses langues a facilité la solidarité interculturelle, forçant des individus d'origines diverses à s'unir pour faire face à l'héritage de la violence et de l'oppression. Dans les espaces communautaires, des organisations de base aux forums internationaux sur les droits de l'homme, le roman est devenu un catalyseur de dialogue, incitant à la réflexion sur la responsabilité civique, la commémoration et la poursuite de la justice dans le sillage des atrocités historiques.

Par sa présence retentissante dans les dialogues mondiaux, « Actes humains » navigue à l'intersection délicate entre le souvenir et l'espoir, invitant les lecteurs à témoigner de la capacité humaine durable de résilience et de solidarité. À l'heure où le monde est confronté à des bouleversements sociaux et politiques, le chef-d'œuvre de Han Kang constitue un témoignage indomptable du pouvoir de la littérature à favoriser l'empathie, la compréhension et la recherche d'une guérison collective.

7

Explorer le traumatisme

Techniques narratives dans les actes humains

Les récits de traumatisme dans la littérature

Les récits de traumatisme occupent une place importante dans le domaine du discours littéraire, offrant une exploration approfondie de la souffrance humaine et de son impact durable. Dans le contexte de la littérature sur les traumatismes, la description de la guérison personnelle et collective sert de thème central, permettant aux auteurs de naviguer dans l'interaction complexe entre les expériences individuelles et communautaires des traumatismes. En nous plongeant dans les subtilités des récits de traumatismes, nous comprenons mieux comment la littérature fonctionne comme un moyen de traiter et de comprendre les séquelles souvent inexplicables d'événements pénibles.

Au fond, la littérature sur les traumatismes fournit un prisme à travers lequel les individus et les sociétés peuvent faire face aux séquelles durables des traumatismes historiques. En examinant le rôle de la guérison personnelle, les récits mettent en lumière les luttes intimement humaines qui découlent du chagrin, de la perte et de l'angoisse non résolue à la suite d'événements historiques importants. En outre, l'exploration de la guérison collective dans ces récits met en évidence l'interconnexion des traumatismes sociétaux, soulignant la nécessité d'une empathie et d'une compréhension partagées dans la poursuite de la réconciliation.

En examinant l'intersection de la guérison personnelle et collective, la littérature sur les traumatismes navigue sur le terrain nuancé de la mémoire et de la résilience. Les auteurs emploient des techniques narratives qui non seulement capturent l'impact viscéral du traumatisme, mais soulignent également la capacité durable d'espoir et de restauration. Grâce à l'art de la narration, les auteurs présentent une riche tapisserie de personnages qui luttent avec leur propre traumatisme tout en abordant les répercussions sociétales plus larges des blessures historiques. Cette tresse de guérison personnelle et collective offre aux lecteurs un point de vue fascinant à partir duquel ils peuvent contempler la nature multicouche du traumatisme et la volonté indomptable de l'esprit humain de se renouveler et de se réconcilier.

En approfondissant les récits de traumatismes dans la littérature, il devient évident que ces récits servent de puissants véhicules pour témoigner de la complexité de l'expérience humaine. De la dure réalité de la souffrance individuelle au potentiel transformateur de la guérison collective, les récits de traumatismes nous invitent à prendre en compte le poids de l'histoire tout en laissant place à la possibilité d'une catharsis et d'une rédemption. En fin de compte, la convergence de la guérison personnelle et collective dans la littérature sur les traumatismes souligne l'impératif de reconnaître et d'honorer les innombrables façons dont les traumatismes façonnent le tissu de notre existence.

Contextualiser Actes humains dans le cadre du traumatisme historique coréen

Actes humains de Han Kang se penche sur les conséquences pénibles du soulèvement de Gwangju, un événement central de l'histoire moderne de la Corée du Sud. Ce soulèvement, qui a eu lieu en mai 1980, a vu les citoyens protester contre la loi martiale et le régime autocratique du président Chun Doo-hwan. La violente répression du gouvernement a fait de nombreuses victimes civiles, laissant une profonde cicatrice dans la psyché collective de la nation.

À travers les histoires entremêlées de divers personnages, Kang propose une exploration poignante du traumatisme durable et de son impact omniprésent sur les individus et la société dans son ensemble. Il est impératif de comprendre le contexte historique pour saisir l'ampleur de la souffrance et de la résilience décrites dans le roman. Le soulèvement de Gwangju reste en effet un chapitre sensible et non résolu de l'histoire de la Corée du Sud, et le portrait méticuleusement documenté de Kang offre aux lecteurs une fenêtre sur les complexités profondes de cette période traumatisante.

En replaçant Actes humains dans le contexte de ce traumatisme historique, les lecteurs comprennent mieux le tumulte sociopolitique qui se répercute tout au long du récit. Kang navigue habilement entre les récits personnels et la toile de fond historique, offrant ainsi un portrait nuancé des répercussions durables de la violence d'État. De plus, en ancrant l'histoire dans ce contexte historique spécifique, Kang incite les lecteurs à réfléchir aux thèmes plus larges de la responsabilité, de la justice et de la lutte perpétuelle pour la liberté et les droits de l'homme. Cette mise en contexte permet également de rappeler l'héritage durable des traumatismes et les multiples façons dont ils façonnent les identités individuelles et collectives. Grâce à sa prose évocatrice, Mme Kang amplifie les voix de ceux dont les récits ont été marginalisés, en veillant à ce que l'héritage du soulèvement de

Gwangju soit gravé dans la mémoire collective des générations actuelles et futures. En substance, la contextualisation de Actes humains dans le cadre du traumatisme historique coréen donne naissance à un récit qui témoigne de la complexité de la souffrance humaine, de l'endurance et de la poursuite inflexible de la vérité et de la réconciliation.

Structure narrative : fragmentation et perspectives multiples

La structure narrative est un aspect fondamental de l'œuvre de Han Kang, particulièrement évident dans son exploration des traumatismes dans « Actes humains ». Le récit du roman est caractérisé par la fragmentation et l'adoption de perspectives multiples, reflétant la nature fragmentée de la mémoire traumatique et son impact durable sur les individus et les communautés. Kang utilise habilement cette technique structurelle pour tisser une riche tapisserie d'expériences humaines interconnectées, invitant les lecteurs à s'engager dans les répercussions multiformes des traumatismes historiques. Chaque fil narratif fragmenté s'entrelace avec d'autres, offrant un aperçu de la vie de divers personnages dont les expériences collectives contribuent à une compréhension plus large des effets profonds des traumatismes. En décrivant les événements à partir de différents points de vue, Kang remet en question la notion de vérité linéaire et singulière, reconnaissant la complexité et la subjectivité inhérentes à la narration d'événements traumatisants.

L'utilisation de perspectives multiples engendre un sentiment de polyphonie dans le récit, permettant à une symphonie de voix de coexister et de résonner les unes avec les autres. Cette approche favorise une profonde empathie pour les personnages et leurs luttes individuelles, tout en soulignant l'omniprésence des traumatismes historiques dans les différentes couches de la société. Grâce à ce réseau complexe de perspectives, Kang crée un espace permettant aux lecteurs de se confronter aux dimensions multiples du traumatisme et d'explorer la manière dont les expériences divergentes se croisent et s'influencent les unes les autres. La structure fracturée du récit reflète les réalités fracturées qui émergent d'un traumatisme durable, renforçant ainsi la complexité de son empreinte sur les histoires personnelles et collectives.

En outre, l'utilisation d'un récit fragmenté est un outil puissant pour mettre en évidence l'interconnexion de récits disparates, soulignant la trame entrelacée des expériences humaines à la suite d'atrocités historiques. En parcourant la progression non linéaire du récit, le lecteur est confronté à l'interconnexion de divers actes humains et à leurs conséquences profondes. Cette approche nuancée permet à Kang de transcender les limites de la narration linéaire traditionnelle et de plonger dans les couches complexes du traumatisme, éclairant ainsi les échos durables des événements historiques, tant au niveau individuel que communautaire.

En employant une structure narrative caractérisée par la fragmentation et la multiplicité des points de vue, Kang dresse un portrait convainquant des répercussions durables des traumatismes, présentant une tapisserie poignante d'expériences humaines interconnectées qui résonnent avec profondeur émotionnelle et signification sociétale.

La voix et l'agence : le narrateur silencieux

En littérature, la présence d'un narrateur silencieux est un procédé convaincant qui façonne l'engagement du lecteur dans le récit. Le narrateur silencieux, souvent témoin d'événements importants ou de traumatismes, possède un sens profond de l'action grâce à l'absence délibérée de voix. Dans le contexte de « Actes humains », Han Kang utilise habilement le concept du narrateur silencieux pour transmettre la profondeur de la souffrance individuelle et collective à la suite d'atrocités historiques.

Le narrateur silencieux incarne un personnage énigmatique qui oblige les lecteurs à déchiffrer les émotions non exprimées et les vérités cachées. En choisissant de rester réticent, ce personnage reflète la complexité des traumatismes et de l'histoire, soulignant la dynamique du pouvoir entre ceux qui détiennent les secrets et ceux qui cherchent à les comprendre. Grâce à cette technique narrative, Kang incite les lecteurs à faire face au silence obsédant qui imprègne les environnements post-traumatiques, favorisant une prise de conscience accrue des voix réprimées qui font partie intégrante de la compréhension du récit global.

En outre, le narrateur silencieux cultive une expérience de lecture immersive, les lecteurs se lançant dans une quête de sens dans les espaces non écrits du récit. Cette approche narrative devient alors un canal par lequel les lecteurs sont enveloppés dans une exploration nuancée du traumatisme, confrontés à l'impact viscéral d'horreurs indicibles sans expression verbale directe. Par conséquent, le narrateur silencieux devient un symbole de résilience, présentant un front uni contre l'effacement de l'expérience, de la mémoire et de l'identité.

En parcourant la trame complexe des « actes humains », le narrateur silencieux apparaît comme un pont entre les mots écrits et les histoires inexprimées ancrées dans le paysage turbulent de l'histoire. Par son absence de témoignage, le narrateur oblige le lecteur à se confronter à l'agonie des voix réduites au silence, déclenchant une fervente quête d'empathie et de compréhension. Cela engendre une profonde appréciation de la résilience humaine face à des souffrances indicibles, soulignant la force indomptable de l'esprit humain.

En conclusion, l'utilisation magistrale du narrateur silencieux par Han Kang dans « Actes humains » amplifie la puissance de la narration, en plaidant pour la reconnaissance et la commémoration des voix réduites au silence. Cette technique évocatrice témoigne avec éloquence de la capacité durable de la littérature à donner une voix à ceux qui n'en ont pas, tout en remodelant fondamentalement notre perception des traumatismes historiques et de leur héritage durable.

Chronique du désespoir : Perturbation temporelle et mémoire

La représentation du traumatisme historique dans Actes humains de Han Kang est intimement liée à la perturbation temporelle et à la nature complexe de la mémoire. La prose de Kang capture l'impact profond des événements sur la conscience individuelle et collective, transcendant les récits linéaires conventionnels pour émuler la psyché fracturée des personnages au milieu de la tourmente politique. À travers une chronique non linéaire des événements, Kang construit méticuleusement un tableau déchirant où les exemples d'espoir et de désespoir coexistent comme des réalités simultanées, laissant une marque indélébile sur le tissu de la mémoire.

La perturbation temporelle dans « Actes humains » subvertit la narration traditionnelle, reflétant la désorientation vécue par les individus empêtrés dans le chaos d'une tragédie et de ses conséquences. Les lignes temporelles fragmentées évoquent un sentiment aigu de dislocation, reflétant les vies brisées et la continuité perturbée auxquelles sont confrontés les personnages à la suite d'une atrocité historique. À mesure que les lecteurs traversent les différentes époques, du soulèvement à ses ramifications durables, Kang élabore un récit à plusieurs niveaux qui transmet viscéralement la complexité du souvenir et ses répercussions durables.

La mémoire, à la fois individuelle et collective, joue un rôle essentiel dans « Actes humains », témoignant de la résilience et du poids durable de l'histoire. De l'immédiateté brute du traumatisme à la corrosion insidieuse des souvenirs, Kang entrelace de manière transparente la fragilité et la résilience inhérentes à la mémoire. Les souvenirs des personnages, souvent teintés d'angoisse et de nostalgie, témoignent de l'aspiration non résolue à la justice et à la reconnaissance. Kang illustre avec brio la façon dont la mémoire transcende le temps, façonne le présent et influence l'avenir, mettant en évidence le lien inextricable entre la mémoire et la perpétuation de la vérité historique.

De plus, Kang utilise magistralement le thème de la mémoire pour naviguer entre les frontières floues entre les expériences individuelles et collectives. Au fur et à mesure que le récit de chaque personnage se déroule, leurs souvenirs convergent et divergent, mettant en lumière les complexités de la conscience humaine au milieu de la répétition incessante de souvenirs poignants. C'est à travers cette convergence de chroniques que Kang souligne la dynamique du pouvoir de la mémoire, en mettant en évidence la façon dont les récits personnels se fondent dans une éthique partagée de résistance et de mémoire contre l'oppression et l'effacement.

En substance, « Actes humains » met en évidence l'interaction puissante entre la perturbation temporelle et la mémoire, qui a de profondes implications sociopolitiques et un questionnement moral. Ainsi, Kang invite audacieusement les lecteurs à se confronter à l'héritage durable de la discorde historique et à sa résonance durable dans le cadre de la mémoire humaine et de la conscience sociétale.

L'expérience incarnée : expérience physique et manifestation du traumatisme

L'exploration de l'expérience corporelle dans la littérature sert de lentille poignante pour étudier la manifestation du traumatisme. Dans « Actes humains », Han Kang dépeint magistralement l'aspect physique du traumatisme, en expliquant l'impact profond qu'il a sur le corps humain. À travers des représentations poignantes de la souffrance corporelle, Kang illustre de manière frappante les répercussions durables des atrocités historiques sur les vies individuelles. Les manifestations corporelles du traumatisme ne sont pas de simples symboles, mais des échos tangibles de l'angoisse qui se répercutent tout au long du récit, suscitant des réactions viscérales chez le lecteur. Les descriptions palpables de la douleur, des blessures et de l'endurance font ressortir un réalisme cru qui reflète les cicatrices profondes laissées par les actes de violence et d'oppression.

En ancrant le discours sur le traumatisme dans le domaine corporel, Kang oblige les lecteurs à faire face à la réalité viscérale de la souffrance et à prendre conscience de ses effets durables. La physicalité du traumatisme fonctionne également comme un pont universel, transcendant les frontières culturelles et historiques pour forger un lien profondément empathique entre le lecteur et les expériences de ceux qui ont enduré de telles horreurs. De plus, en mettant l'accent sur les répercussions somatiques du traumatisme, Kang remet en question les aspects souvent négligés de la guérison et de la résilience. Il nous offre ainsi une méditation profonde sur la force indomptable de l'esprit humain face à une adversité indescriptible. Alors que nous explorons le labyrinthe des traumatismes dans Actes humains, la représentation incarnée de Kang témoigne de la résilience inébranlable du corps humain. Elle représente une toile dynamique sur laquelle l'héritage des traumatismes est gravé.

Le langage symbolique : métaphores et images de la douleur

Dans le paysage littéraire de Actes humains, l'auteur navigue dans les profondeurs de la souffrance et de l'angoisse humaines grâce à une utilisation magistrale du langage symbolique, des métaphores et de l'imagerie poignante. Le récit devient une toile où la douleur n'est pas seulement exprimée, mais aussi rendue visuellement et émotionnellement, permettant aux lecteurs de s'immerger dans l'expérience viscérale du traumatisme.

Kang utilise habilement des constructions métaphoriques pour encapsuler la nature multiforme de la douleur, créant ainsi une tapisserie complexe qui résonne profondément avec le public.

Le langage symbolique employé par Kang sert de véhicule à l'articulation d'horreurs indicibles, transcendant les barrières linguistiques pour transmettre la profonde angoisse vécue par les personnages. Grâce à une attention méticuleuse aux détails et à une imagerie évocatrice, l'auteur dépeint les cicatrices indélébiles laissées par la violence et l'oppression sur la psyché humaine. Des métaphores telles que « les blessures qui s'infiltrent comme l'encre dans le tissu » et « les cris étouffés qui résonnent dans les murs de l'histoire » ne rendent pas seulement compte de l'aspect physique de la souffrance, mais reflètent également l'héritage durable des traumatismes qui imprègnent la conscience collective.

En outre, le jeu de la lumière et de l'obscurité, souvent symbolisé par des éléments contrastés dans le récit, donne de la profondeur à l'exploration de la douleur et de ses effets profonds. Les descriptions éloquentes d'une bougie vacillante au milieu de la désolation ou de la lueur spectrale du clair de lune dans les rues silencieuses sont de puissantes allégories de la résilience dans l'adversité et de l'espoir fragile qui persiste même dans les heures les plus sombres. Cette juxtaposition de symboles imprègne le récit d'une résonance émotionnelle nuancée, invitant les lecteurs à contempler la capacité humaine inhérente à l'endurance et à la fragilité du réconfort dans le sillage de la dévastation.

L'imagerie de la douleur dans « Actes humains » va au-delà du domaine tangible, plongeant dans les domaines du surréalisme et du subconscient pour évoquer une empathie et une contemplation profondes. Grâce à une intégration habile de motifs allégoriques, Kang crée un tableau obsédant dans lequel les frontières entre la réalité et la métaphore sont floues, ce qui rend le récit à la fois captivant et obsédant. L'utilisation récurrente de symboles tels que des miroirs brisés, des ombres tordues et des paysages arides réitère l'impact omniprésent du traumatisme, gravant des empreintes indélébiles dans le paysage de la mémoire et de la perception.

En fin de compte, « Actes humains » témoigne du pouvoir transformateur du langage symbolique, utilisant des nuances métaphoriques et des images vives pour dévoiler les vérités brutales et sans fard de la souffrance et de la résilience. L'opus magnum de Kang transcende non seulement les contraintes de la narration conventionnelle, mais invite également les lecteurs à se confronter à la nature ineffable de la douleur par le biais d'une tapisserie immersive de métaphores et de représentations allégoriques. Ce faisant, le roman devient une chronique poignante de la fragilité et de la force d'âme humaines, gravée à jamais dans les annales de la littérature.

Résonance émotionnelle : l'empathie par le développement des personnages

Le développement des personnages est un aspect essentiel de la narration, en particulier lorsqu'il s'agit d'explorer les traumatismes et leurs conséquences. Han Kang utilise une approche magistrale du développement des personnages dans Actes humains, permettant aux lecteurs de s'attacher intimement aux individus qui peuplent le paysage narratif. Alors que l'histoire se déroule dans le contexte de l'insurrection de Gwangju, l'auteure tisse de manière complexe la trame émotionnelle de ses personnages, leur conférant une vulnérabilité brute et une profondeur psychologique complexe. Grâce à l'attention méticuleuse qu'elle porte aux détails, Kang crée une expérience immersive qui suscite une profonde empathie de la part de son public. Le parcours de chaque personnage devient un reflet poignant de la condition humaine, en résonance avec les thèmes universels de la souffrance, de la résilience et de la quête éternelle de justice. Cette représentation approfondie de l'univers intérieur des personnages permet aux lecteurs de s'engager dans le récit global à un niveau profondément personnel.

En établissant cette connexion empathique, Kang met son public au défi d'affronter les réalités déchirantes du traumatisme et de témoigner de son impact profond sur les individus et les communautés. Le pathos intégré dans l'arc narratif de chaque personnage invite les lecteurs à explorer le terrain tumultueux de leurs émotions, favorisant un sentiment d'humanité partagée et de solidarité face à l'adversité. Par essence, les personnages habilement construits par Kang transcendent la page, s'inscrivant dans la conscience du lecteur et l'invitant à réfléchir aux subtilités de la souffrance et de la résilience humaines.

À travers les expériences distinctes de chaque personnage, les lecteurs ont un aperçu des multiples facettes de la capacité de l'être humain à éprouver de l'angoisse et à faire preuve de force d'âme. Ce portrait complexe favorise une compréhension nuancée des multiples façons dont les traumatismes façonnent et remodèlent les vies, laissant une impression indélébile qui persiste longtemps après que les dernières pages ont été tournées. En effet, la résonance émotionnelle générée par le développement exceptionnel des personnages de Kang témoigne de ses prouesses littéraires et de son engagement inébranlable à dépeindre les vérités sans fard de l'expérience humaine.

Juxtaposer l'espoir et la désolation : le dualisme dans les actes humains

L'exploration par Han Kang des traumatismes et de leurs conséquences dans Actes humains plonge dans les méandres de l'expérience humaine, dépeignant un paysage dualiste où l'espoir se mêle à la désolation. Cette dualité est magistralement tissée dans la trame narrative, invitant les lecteurs à se confronter au contraste saisissant entre les moments de résilience et de désespoir total, éclairant ainsi la nature multiforme de la souffrance humaine. La juxtaposition de l'espoir et de la désolation est un rappel poignant de la résilience de l'esprit humain dans des circonstances pénibles, tout en reconnaissant le poids du traumatisme collectif.

Tout au long du roman, Kang navigue habilement dans ce dualisme, créant une riche tapisserie d'émotions et d'expériences. Certes, les actes commis par les oppresseurs sont inqualifiables, mais il y a aussi des actes de courage extraordinaire, d'altruisme et de profonde décence humaine. Les circonstances sont immensément sombres, mais à travers les ténèbres brille une lueur d'espoir, fragile mais durable. C'est dans cet équilibre délicat que Kang élabore un commentaire profond sur la condition humaine, confrontant les complexités de l'existence face à l'adversité. La dualité de l'espoir et de la désolation est incarnée par les personnages eux-mêmes, chacun aux prises avec ses propres conflits internes et externes. Leurs histoires se déroulent sur la toile de fond d'une société fracturée par la violence, mais dans ce paysage fracturé, des fils d'empathie et de résilience émergent, tissant ensemble une mosaïque d'humanité partagée.

Kang dépeint magistralement l'interaction entre l'espoir et le désespoir, illustrant le fait que ces forces opposées ne s'excluent pas mutuellement, mais coexistent plutôt dans le cœur et l'esprit des personnes touchées par un traumatisme. Si la désolation peut projeter une longue ombre, c'est précisément en présence de ces ténèbres que la lumière de l'espoir devient la plus perceptible. Dans le contexte de « Actes humains », le dualisme de l'espoir et de la désolation transcende la simple exploration thématique, devenant une lentille essentielle pour appréhender le terrain émotionnel complexe des personnages. Alors que les lecteurs sont témoins des luttes des personnages, ils sont confrontés à une représentation de la résilience au milieu de la douleur, soulignant l'impact profond des récits dualistes qui favorisent une compréhension plus approfondie de la résilience humaine et du pouvoir durable de l'espoir.

Réflexions finales : l'héritage des techniques narratives

L'exploration des techniques narratives dans « Actes humains » dévoile un riche héritage qui s'étend au-delà des limites du texte lui-même. En explorant les subtilités du dualisme, des juxtapositions et de l'interaction entre l'espoir et la désolation, le traitement magistral de ces éléments narratifs par Han Kang laisse une impression durable sur les lecteurs, les universitaires et les écrivains en herbe. C'est dans ce contexte que l'héritage des techniques narratives est mis en lumière, offrant un aperçu de l'impact durable du savoir-faire littéraire de Han Kang.

L'un des principaux héritages des techniques narratives dans « Actes humains » réside dans sa capacité à transcender le contexte historique et culturel spécifique du soulèvement de Gwangju. Bien qu'enracinées dans les événements traumatisants de mai 1980, les explorations thématiques et narratives possèdent une universalité qui trouve un écho auprès de divers publics dans le monde entier. Cette universalité permet aux techniques narratives employées par Kang de servir de véhicules d'empathie, de compréhension et de dialogue à travers des contextes et des expériences disparates.

Par ailleurs, l'héritage des techniques narratives dans « Actes humains » s'étend à son influence sur le paysage littéraire au sens large. L'approche innovante de la représentation des traumatismes, de la résilience et de la condition humaine a des répercussions sur la littérature contemporaine et façonne le discours sur la manière dont les récits peuvent transmettre de manière authentique les complexités des expériences vécues. En conséquence, l'héritage narratif de « Actes humains » apparaît comme une pierre de touche de la nature évolutive de la narration et de sa capacité à éclairer les réalités multiformes de notre monde.

En outre, l'héritage des techniques narratives dans « Actes humains » souligne la pertinence durable de l'œuvre de Kang. En tant que voix influente de la littérature mondiale, les techniques narratives de Han Kang inspireront les futures générations d'écrivains, en les encourageant à explorer les nuances de la souffrance humaine, de la résilience et de la quête de dignité. Par conséquent, l'impact de l'héritage narratif de Han Kang va au-delà des interprétations immédiates, invitant les lecteurs et les écrivains à s'engager dans les dimensions éthiques, esthétiques et philosophiques inhérentes à ses choix narratifs.

En substance, l'héritage des techniques narratives dans « Actes humains » témoigne du pouvoir de transformation de la littérature. Grâce à un amalgame de dextérité artistique, de résonance émotionnelle et de rigueur intellectuelle, l'héritage narratif de Kang ouvre la voie à des dialogues significatifs sur le traumatisme, l'histoire et l'humanité. En réfléchissant aux subtilités des techniques narratives de Kang, les lecteurs témoignent de l'empreinte durable de la narration, qui éclaire le chemin vers l'empathie, la compréhension et une appréciation plus profonde de l'expérience humaine.

8

Deuil, perte et mortalité
Déballer le livre blanc

Introduction au Livre blanc

La genèse du « Livre blanc » remonte à l'exploration introspective par Han Kang du deuil personnel et collectif, de la perte et de la réconciliation. Inspirée par ses expériences et ses observations du monde qui l'entoure, Han Kang s'est lancée dans un voyage littéraire pour disséquer l'interaction complexe entre la mémoire et la mortalité. Cette démarche introspective est également profondément ancrée dans les courants historiques sous-jacents de sa Corée du Sud natale, une nation marquée par de profonds bouleversements culturels, sociaux et politiques. Au fur et à mesure qu'elle avançait dans le processus de création du « Livre blanc », Kang a découvert une source d'émotions liées à l'héritage familial, au poids de l'histoire et à la quête intemporelle de la compréhension de la condition humaine dans toutes ses complexités. La motivation qui l'a poussée à créer cette œuvre littéraire évocatrice découle d'un désir d'affronter des vérités existentielles avec une honnêteté sans faille, insufflant à sa prose une sincérité poignante qui trouve un écho profond auprès des lecteurs. Le Livre blanc témoigne de la vénération de Kang pour le passé et de son engagement inébranlable à fouiller les couches de l'existence humaine. Il invite les lecteurs à naviguer dans les royaumes éthérés de la mémoire et à embrasser la beauté profonde que l'on trouve dans les nuances délicates de l'éphémère de la vie.

Contexte : les courants personnels et historiques sous-jacents

En examinant le contexte du « Livre blanc » de Han Kang, il est impératif de souligner l'entrelacement des courants personnels et historiques qui imprègnent le tissu narratif de cette œuvre littéraire. L'exploration littéraire de Han Kang ne peut être dissociée de ses propres expériences vécues, et Le livre blanc est une manifestation poignante de sa tentative de faire face aux héritages familiaux et historiques dans le paysage de la Corée du Sud. La nature profondément personnelle du récit s'inscrit dans un contexte d'événements historiques, illustrant le lien inextricable entre la mémoire individuelle et le traumatisme sociétal plus large.

C'est dans ce contexte que nous découvrons la prose poignante et évocatrice de Kang, qui élabore méticuleusement une tapisserie littéraire qui jette un pont entre le chagrin personnel et les réverbérations historiques. Le livre agit comme une méditation pensante sur les ombres persistantes de la guerre de Corée et son impact profond sur les vies individuelles, renforçant la notion que l'histoire, collective ou personnelle, peut être inscrite dans les recoins les plus intimes de la mémoire et de l'identité.

En outre, l'interconnexion du personnel et de l'historique est palpable à travers les références intertextuelles de Kang à l'égard du patrimoine culturel et artistique de la Corée du Sud. En s'appuyant sur des symboles culturels et des contextes historiques, Kang enrichit le récit de plusieurs couches de sens, invitant les lecteurs à plonger plus profondément dans la riche tapisserie de l'histoire et de la culture coréennes. Grâce à cette exploration, « Le Livre blanc » incarne non seulement le pèlerinage personnel de Kang, mais reflète également l'aspiration collective à la reconnaissance et à la compréhension du passé.

En outre, le thème général de la perte, qui croise le personnel et l'historique, souligne l'omniprésence de l'absence dans les deux domaines. Kang tisse habilement des souvenirs de l'histoire de sa propre famille avec des élégies historiques plus vastes, énonçant ainsi un récit qui transcende les récits individuels pour composer un requiem collectif pour les pertes subies. Cette confluence de deuils personnels et de traumatismes historiques permet d'amplifier l'universalité de la douleur humaine et de toucher les lecteurs à un niveau viscéral et émotionnel.

En fin de compte, le contexte du « Livre blanc » met en évidence la relation symbiotique entre l'introspection personnelle et la conscience historique, forgeant un terrain narratif qui invite les lecteurs à explorer le labyrinthe complexe de la mémoire, de l'histoire et des interstices insaisissables où s'entremêlent le chagrin personnel et le chagrin collectif.

Examinons la structure : récits fragmentés

L'exploration par Han Kang de récits fragmentés dans « Le Livre blanc » témoigne de son approche novatrice de la narration. La structure non linéaire du récit reflète les complexités de la mémoire et des émotions, et invite les lecteurs à s'engager dans le texte à plusieurs niveaux. En renonçant à un cadre linéaire traditionnel, Kang remet en question les notions conventionnelles de cohérence et de linéarité, incitant les lecteurs à explorer le texte d'une manière non traditionnelle.

Au cœur de cette structure fragmentée se trouve l'interaction entre le passé et le présent, ainsi que le tissage complexe de l'histoire personnelle avec des contextes culturels et historiques plus larges. Chaque fragment sert de vignette poignante, offrant un aperçu du paysage émotionnel du narrateur tout en brouillant les frontières entre le souvenir et l'imagination. Ce mélange délibéré de réalités temporelles confère au récit un sentiment de fluidité et d'ouverture, obligeant les lecteurs à contempler la nature éphémère de la mémoire et son impact durable sur l'expérience humaine.

En outre, les récits fragmentés du « Livre blanc » reflètent avec justesse les multiples facettes du deuil, de la perte et de la mortalité. Plutôt que de suivre une progression linéaire des événements, la technique narrative de Kang permet l'expression d'émotions contradictoires et de perspectives divergentes, capturant les couches complexes du chagrin et du souvenir. L'absence de récit cohérent singulier reflète la nature fragmentée du deuil, où les moments de clarté sont entrecoupés d'éclairs désorientants de désolation, créant en fin de compte une riche tapisserie de résonance émotionnelle.

En plus de dépeindre la nature fragmentée du deuil personnel, l'utilisation par Kang de récits décousus s'étend à une contemplation des traumatismes sociétaux et historiques. La juxtaposition de fragments disparates invite les lecteurs à se confronter à la mémoire collective de la perte et à ses répercussions durables à travers le temps et l'espace. Grâce à cette approche kaléidoscopique, Kang invite les lecteurs à participer activement à la reconstruction d'histoires fragmentées, engendrant une compréhension plus profonde de l'interconnexion des expériences individuelles au sein de paysages socioculturels plus vastes.

En fin de compte, les récits fragmentés du « Livre blanc » servent de véhicule évocateur à travers lequel Kang explore les complexités de l'existence humaine, en se confrontant à la nature éphémère de la mémoire et à l'héritage durable de la perte. Cette innovation structurelle démontre l'engagement de Kang à transcender les conventions narratives traditionnelles, en favorisant un environnement narratif qui embrasse la multiplicité et l'ambiguïté tout en éclairant les profondes complexités inhérentes à la condition humaine.

Les thèmes du deuil et de la perte : une perspective analytique

Le deuil et la perte imprègnent le paysage thématique du Livre blanc, englobant une myriade d'émotions et d'expériences profondes qui transcendent les récits individuels. À travers une lentille analytique, il devient évident que Han Kang construit magistralement une représentation vivante du deuil et de la perte, entremêlée de réflexions existentielles plus larges. En pénétrant au cœur de cette exploration, on découvre une tapisserie complexe de la vulnérabilité humaine, de la douleur et du spectre imminent de la mort.

Au cœur de ce thème se trouve le caractère poignant de l'absence et de ses multiples manifestations dans le récit. Grâce à une imagerie évocatrice et à une prose contemplative, Kang dissèque soigneusement les couches complexes du chagrin, articulant l'impact profond de la perte sur la psyché humaine. Qu'il s'agisse d'anecdotes personnelles ou de méditations abstraites, l'auteur dresse un portrait multidimensionnel qui résonne avec des vérités universelles et des chagrins intimes.

En outre, le texte explore avec beaucoup de sensibilité la douleur familiale, encapsulant les complexités profondément enracinées du deuil et de la souffrance. L'exploration habile des relations familiales par Kang reflète les complexités du deuil, entremêlant le personnel et le collectif avec subtilité. Cette approche transcendante amplifie non seulement l'intensité émotionnelle, mais invite également les lecteurs à réfléchir à leurs propres expériences de la perte et aux répercussions qui en découlent dans leur vie.

Par ailleurs, le motif de l'éphémère apparaît comme un leitmotiv poignant, élucidant la nature éphémère de l'existence et les cycles de la vie et de la mort. La réflexion poignante de Kang sur l'impact fugace mais durable de la perte souligne les dimensions temporelles du chagrin, provoquant une contemplation introspective chez les lecteurs. De ce point de vue, le récit prend des teintes éthérées, faisant écho à la résonance intemporelle de la souffrance humaine et aux échos doux-amers de ce qui a été.

Par ailleurs, l'auteur tisse habilement des fils de deuil culturel et historique, intégrant le récit collectif d'une nation dans les plis intimes d'une perte personnelle. En replaçant les expériences individuelles dans le contexte plus large du désespoir collectif, Kang élève le récit au-delà des lamentations individuelles, lui conférant une universalité immersive qui transcende les frontières géographiques et temporelles. Ce faisant, elle ne se contente pas d'éclairer le fardeau commun du deuil, mais présente également une tapisserie de résilience collective et de souvenir, enrichissant ainsi le discours sur la perte et la mortalité.

En somme, le Livre blanc témoigne de l'héritage durable du deuil et de la perte, offrant aux lecteurs un miroir et une lanterne pour qu'ils naviguent sur leurs propres chemins à travers le chagrin et le souvenir. Grâce à une perspective analytique méticuleuse, Han Kang dresse un portrait lyrique des histoires collectives de survie de l'humanité, imprégnant son récit d'une force poignante intemporelle qui se répercute longtemps après que la dernière page a été tournée.

Mortalité et mémoire : des réalités temporelles floues

Dans « Le livre blanc », Han Kang explore magistralement les réalités floues de la mortalité et de la mémoire, les entremêlant pour créer un récit qui défie les réalités temporelles conventionnelles. L'exploration de la mortalité va au-delà de la mort physique et s'intéresse à la nature éphémère de l'existence et au passage du temps. Ce traitement thématique invite les lecteurs à contempler leur propre mortalité d'une manière profondément introspective. En mêlant souvenirs et méditations sur la mortalité, Han Kang brouille les frontières entre le passé, le présent et le futur, créant une tapisserie de moments interconnectés qui transcendent la temporalité linéaire. La fluidité du temps dans Le livre blanc reflète l'expérience humaine, où les souvenirs et les émotions persistent au-delà de leur apparition initiale.

La prose de Kang permet au lecteur d'habiter simultanément plusieurs dimensions temporelles, incarnant la coexistence des traumatismes du passé et des réconciliations du présent. Alors que la mortalité et la mémoire convergent, le poids palpable de l'histoire et des souvenirs personnels fusionne, obligeant à une exploration de la signification existentielle et de la conscience collective. Par cette fusion, Kang établit une réflexion poignante sur l'impermanence de la vie et l'impact durable des souvenirs. Elle illustre également la résilience inhérente à la mémoire, qui transcende les contraintes de la mortalité et fait écho à la résilience de l'esprit humain.

En brouillant les frontières temporelles, Mme Kang souligne l'interconnexion des expériences individuelles avec des récits historiques plus vastes, mettant en évidence la résonance durable des souvenirs dans la formation de l'identité et de la compréhension. Cette fusion profonde de la mortalité et de la mémoire démontre la capacité de Kang à mettre en lumière l'empreinte indélébile de notre existence fugace, invitant les lecteurs à se confronter aux intersections de la temporalité personnelle et universelle dans la riche tapisserie de l'expérience humaine.

L'interaction du langage et du silence

Le langage est le tissu conjonctif de l'expérience humaine, permettant aux individus d'articuler leurs pensées, leurs émotions et leurs perceptions.

Dans Le livre blanc de Han Kang, l'interaction entre le langage et le silence occupe une place centrale, évoquant une exploration nuancée de l'absence et de la présence, de la perte et du souvenir. L'absence de texte dans certains passages et l'espace délibéré entre les mots invitent les lecteurs à s'engager dans les silences qui imprègnent le récit, et à réfléchir à ce qui reste inexprimé. Cette utilisation intentionnelle du silence reflète le concept d'« espace blanc » dans les arts visuels, où la toile vide a autant d'importance que les traits peints.

C'est dans ces silences que les histoires non dites, les souvenirs enfouis et les émotions non exprimées trouvent refuge, créant une ambiance évocatrice d'introspection profonde. À l'inverse, lorsque le langage émerge, il a un poids qui transcende les simples mots. Chaque phrase soigneusement choisie résonne avec des couches de sens inexprimées, donnant de la profondeur au récit et invitant les lecteurs à s'immerger dans la tapisserie poignante du voyage émotionnel du protagoniste.

L'utilisation parcimonieuse mais percutante du langage dans Le Livre blanc souligne la nature ineffable du chagrin et les limites de l'expression lorsque l'on est confronté à une perte profonde. Il nous rappelle que parfois, les sentiments les plus puissants ne peuvent être que ressentis plutôt qu'articulés. Il souligne comment le langage et le silence s'entrecroisent, chacun prenant tour à tour le contrôle de la sensibilité du lecteur, tissant une délicate danse de communication : l'une par le biais d'un discours éloquent, l'autre par celui d'un vide poignant. Grâce à cette interaction, Han Kang crée une expérience littéraire immersive qui transcende les frontières linguistiques. Les lecteurs sont invités à prêter attention non seulement aux mots eux-mêmes, mais aussi aux pauses et aux absences palpables qui les sous-tendent, faisant du Livre blanc une œuvre profondément tactile et émotionnellement résonnante.

Symbolisme et métaphore : naviguer dans l'imagerie blanche

Dans Le livre blanc, Han Kang utilise avec compétence le symbolisme et la métaphore pour créer un récit qui transcende la narration traditionnelle. L'un des motifs les plus importants du livre est la couleur blanche, qui symbolise toute une série d'émotions, d'expériences et de thèmes. Ce symbolisme imprègne le texte, offrant aux lecteurs une exploration à plusieurs niveaux du deuil, de la perte, de la renaissance et de la nature éphémère de la mémoire. Le choix du blanc comme motif central est délibéré et joue avec les dualités qu'il englobe : pureté et vide, guérison et absence, présence et vide.

L'utilisation habile de la métaphore par Kang encourage les lecteurs à explorer l'imagerie blanche comme un paysage physique et émotionnel. En plongeant dans l'interaction textuelle, les lecteurs découvrent la blancheur du papier, de la neige, du lait et des os, chacun représentant des états distincts de l'être et des étapes de l'existence. Par ce biais, Kang évoque magistralement un sentiment d'interconnexion entre le monde matériel et le domaine intangible des émotions et des souvenirs. L'imagerie blanche agit comme une palette sur laquelle les lecteurs projettent leurs propres interprétations tout en plongeant dans les nuances universelles mais profondément personnelles de l'expérience humaine.

En outre, la signification symbolique du blanc va au-delà de ses manifestations littérales, Kang l'ayant ingénieusement intégrée dans le tissu de la conscience humaine. Les espaces vides dans le récit servent de représentations allégoriques des chagrins non exprimés, des histoires inachevées et des échos retentissants de l'histoire. L'imagerie blanche, par sa mise en œuvre stratégique, fonctionne comme un catalyseur d'introspection et de contemplation, incitant les lecteurs à s'attaquer aux complexités du deuil, du souvenir et de la nature éphémère de la vie.

En outre, la richesse métaphorique de l'imagerie blanche guide le lecteur dans un voyage méditatif qui transcende les limites de la prose conventionnelle. Il s'agit d'une invitation à s'immerger dans le texte à un niveau sensoriel profond, invitant les lecteurs à explorer la juxtaposition de l'ombre et de la lumière, de la présence et de l'absence, ainsi que les subtilités de la signification qui découlent de la toile éthérée du blanc. En élaborant méticuleusement les nuances symboliques, Kang invite à une compréhension plus profonde de la condition humaine. Il invite les lecteurs à confronter leurs propres émotions et récits à travers les reflets de l'imagerie blanche.

En fin de compte, la navigation dans l'imagerie blanche amène le lecteur à contempler l'universalité de la douleur, le pouvoir transformateur de la perte et les empreintes indélébiles de la mémoire. En se plongeant dans le symbolisme et la métaphore employés par Kang, les lecteurs sont prêts à s'embarquer pour un voyage évocateur qui résonne longtemps après que la dernière page a été tournée.

Exploration des éléments poétiques : forme et rythme

La poésie est un genre qui se nourrit de l'interaction complexe de la forme et du rythme, et l'exploration des éléments poétiques par Han Kang dans « Le livre blanc » montre sa maîtrise de ces outils pour évoquer une profonde résonance émotionnelle. Dans cette section, nous approfondissons les nuances poétiques qui imprègnent la prose de Han Kang, en disséquant les éléments structurels qui contribuent à la cadence rythmique et à l'élégance formelle de son écriture. Le choix délibéré de récits fragmentés, associé à un langage dépouillé mais évocateur, crée un effet symphonique, imitant le flux et le reflux des émotions associées au deuil et à la perte.

L'approche expérimentale de la forme adoptée par Kang transcende les limites conventionnelles de la prose, adoptant une qualité lyrique qui fait écho à la nature transitoire de la mémoire et à l'essence éphémère de la vie elle-même. En manipulant intentionnellement les espaces blancs, la ponctuation et les sauts de ligne, Kang construit une poétique visuelle qui invite les lecteurs à embrasser les silences entre les mots, où les sentiments non exprimés trouvent refuge. Cette conscience spatiale au sein du récit témoigne de l'habile orchestration de la forme par Kang, qui parvient à faire écho au rythme de la prose aux battements de cœur de l'expérience humaine.

En outre, le rythme de l'écriture de Kang se déploie dans une cadence hypnotique, établissant des parallèles avec le tempo respiratoire de la contemplation et de l'introspection. Chaque phrase résonne avec une construction minutieuse de l'harmonie syllabique, tissant une tapisserie mélodique qui reflète l'éphémérité des moments de la vie. Les variations subtiles du rythme, du staccato au legato, reflètent les crescendos et diminuendos émotionnels rencontrés dans le labyrinthe du deuil, invitant finalement les lecteurs à s'immerger dans le courant ondulant de l'existence.

L'utilisation par Kang de procédés poétiques tels que la métaphore, l'enjambement et l'allitération sert de broderie complexe, ornant sa prose de couches de richesse linguistique. Les métaphores deviennent alors des vaisseaux par lesquels des émotions profondes sont distillées, imprégnant le récit d'une qualité éthérée qui transcende les limites linguistiques. L'enjambement, avec ses retours à la ligne énigmatiques, cultive un sentiment de continuité et d'interconnexion, brouillant les frontières entre le passé et le présent, tandis que l'allitération orchestre une symphonie de sons qui entrent en résonance avec les sensibilités les plus intimes du lecteur.

En résumé, l'exploration des éléments poétiques dans « Le livre blanc » dévoile une tapisserie multiforme de formes et de rythmes, soulignant la capacité exceptionnelle de Han Kang à synthétiser de manière transparente la profondeur émotionnelle et le savoir-faire littéraire. En manipulant délibérément la langue, la structure et la texture sonore, l'auteure élève le récit à des hauteurs qui transcendent la narration traditionnelle, invitant les lecteurs à naviguer dans les espaces liminaires entre la poésie et la prose, où la pulsation résonnante de l'esprit humain trouve son refuge éternel.

Synthèse de la résonance émotionnelle et de l'art littéraire

Le Livre blanc témoigne des prouesses de Han Kang en matière de narration. Tout au long de cette exploration méditative du deuil, de la perte et de la mortalité, Han Kang mêle habilement le caractère poignant de ses expériences personnelles à une maîtrise exquise de la langue et de la forme. L'un des aspects remarquables de l'art littéraire de Kang est sa capacité à évoquer des émotions profondes au moyen d'une prose minimaliste. La retenue délibérée de son écriture ne reflète pas seulement les espaces blancs dans le récit, mais permet également d'établir un lien plus profond avec le lecteur.

En tissant des souvenirs fragmentés et des réflexions introspectives, Kang crée une tapisserie d'émotions qui résonne longtemps après la dernière page. L'utilisation délibérée d'un langage dépouillé, mais évocateur, permet d'accroître la sensibilité du lecteur aux thèmes sous-jacents de la perte et du souvenir. La manipulation subtile du rythme et de la syntaxe par Mme Kang souligne le pouvoir émotionnel de son récit, attirant les lecteurs dans les recoins les plus intimes de l'esprit de la protagoniste. Elle les invite ainsi à se confronter à leur compréhension de la mortalité et à se débattre avec la nature ineffable du chagrin.

En outre, le choix minutieux d'images métaphoriques renforce l'impact émotionnel du récit et invite les lecteurs à contempler les moments fugaces de la vie à travers un prisme d'une beauté poignante. Le motif récurrent du blanc, qui symbolise à la fois l'absence et la possibilité, est un reflet puissant de l'expérience humaine, où le vide et le potentiel coexistent dans une harmonie complexe. Par ailleurs, l'engagement indéfectible de Kang à explorer les profondeurs de la condition humaine réaffirme son statut de sommité littéraire.

En plongeant les lecteurs dans un voyage introspectif qui transcende les frontières culturelles et temporelles, Mme Kang parvient à élever son œuvre au-delà de la sphère d'un récit singulier ; elle devient un testament universel de l'universalité de la douleur et de la résilience humaines. La synthèse de la résonance émotionnelle et de l'art littéraire dans Le livre blanc est une démonstration convaincante de la capacité de Kang à imprégner son écriture d'une profonde empathie et d'un art durable. En parcourant les couloirs labyrinthiques de la mémoire et de la vulnérabilité, le lecteur est confronté à une symphonie de fragments qui se fondent en une ode profonde et profondément touchante à l'esprit humain.

Conclusion réflexive : l'impact du Livre blanc

Le Livre blanc, avec sa prose obsédante et contemplative, laisse une marque indélébile sur les lecteurs. Son impact se répercute dans le paysage littéraire, offrant une exploration approfondie de la douleur, de la perte et de la mortalité qui transcende les frontières culturelles. En guise de conclusion réfléchie à notre voyage dans le récit évocateur de Han Kang, il est essentiel de souligner l'influence durable du Livre blanc. Cette conclusion est à la fois un témoignage de la maîtrise de la langue par Han Kang et un témoignage de l'expérience humaine. À travers une tapisserie de fragments poétiques et de souvenirs poignants, Kang navigue habilement dans les domaines de la mémoire et du chagrin, créant une œuvre qui résonne à un niveau profondément émotionnel et intellectuel.

L'impact du Livre blanc ne réside pas seulement dans sa profondeur thématique, mais aussi dans sa capacité à susciter l'introspection et l'empathie.

En abordant les thèmes universels de la perte, de l'absence et de la fragilité de la vie, Kang invite les lecteurs à confronter leurs propres points de vue sur la mortalité et l'interconnexion des expériences humaines. Cette qualité de résonance du texte transcende les limites de la narration traditionnelle, élevant Le Livre blanc au rang de méditation intemporelle sur la condition humaine.

De plus, le travail méticuleux de la prose de Kang souligne la complexité de l'expression du deuil et du souvenir. Grâce à une sélection minutieuse d'images et de nuances métaphoriques, elle construit un récit qui capture de manière poignante les émotions profondes associées à la nostalgie et au deuil. L'interaction entre le langage et le silence dans le texte crée un rythme méditatif, invitant les lecteurs à s'attarder dans les espaces entre les mots et à s'immerger dans l'essence éthérée de la mémoire.

En outre, en mêlant harmonieusement mémoires personnelles et échos historiques, M. Kang estompe la distinction entre les expériences individuelles et collectives de la perte, soulignant ainsi l'interconnexion des histoires humaines. Cette juxtaposition délibérée plonge le lecteur dans une riche tapisserie d'émotions, entretenant une tension permanente entre les aspects tangibles et intangibles du deuil.

L'impact durable du Livre blanc est palpable dans les éloges et les critiques qu'il a recueillis, consolidant ainsi son statut de classique moderne. Son héritage va au-delà de la reconnaissance littéraire, car il suscite des conversations significatives sur la nature de l'existence et le pouvoir de transformation de l'art. En fin de compte, l'impact du Livre blanc témoigne de la capacité de Han Kang à transcender les barrières linguistiques et culturelles, et à toucher les lecteurs à un niveau viscéral et profond. Enfin, cette conclusion réflexive témoigne de la résonance durable de l'œuvre littéraire de Han Kang et réaffirme l'impact durable du Livre blanc sur le paysage littéraire.

9

Le motif de la couleur

Le symbolisme dans Le Livre blanc

Introduction au symbolisme des couleurs dans la littérature

Le symbolisme des couleurs revêt une signification profonde dans les traditions littéraires de toutes les cultures. Il offre une riche tapisserie de significations qui transcendent le temps et le lieu. Dans le domaine de la littérature, les couleurs sont souvent utilisées comme des symboles puissants pour transmettre des émotions, des thèmes et des traits de caractère, ajoutant ainsi des couches de profondeur et de complexité à la narration. Des teintes vibrantes de la jubilation aux nuances sombres du chagrin, les auteurs tissent habilement un spectre de couleurs dans leurs récits afin d'évoquer des réponses viscérales et d'entrer en résonance avec les lecteurs à un niveau subconscient. Ce langage universel du symbolisme des couleurs permet une exploration nuancée des expériences humaines et des contextes culturels, servant de pont entre le tangible et l'intangible.

Dans le paysage littéraire moderne, l'application du symbolisme des couleurs continue d'évoluer, reflétant des perspectives et des interprétations changeantes tout en conservant son caractère intemporel. Les auteurs exploitent habilement la nature multiforme des couleurs pour imprégner leurs œuvres de plusieurs couches de sens, permettant ainsi aux lecteurs de discerner des motifs complexes et thématiques dans le tissu narratif. Ainsi, la compréhension du symbolisme des couleurs dans la littérature permet d'apprécier les subtilités tissées dans les tapisseries textuelles, favorisant un engagement plus profond dans les histoires racontées.

L'examen des dimensions historiques et culturelles du symbolisme des couleurs met en lumière la façon dont ces représentations symboliques ont été tissées dans le tissu même de l'expression humaine, ce qui permet de comprendre la pertinence et l'adaptabilité durables de ce procédé littéraire. En explorant le symbolisme des couleurs dans la littérature, les lecteurs sont invités à s'embarquer pour un voyage sensoriel qui transcende les frontières linguistiques, puisant dans un réservoir d'associations universelles et de résonances émotionnelles. En explorant les subtilités du symbolisme des couleurs dans la littérature, nous prenons conscience de l'impact profond de ces signifiants chromatiques, en reconnaissant leur rôle de vecteurs de thèmes, d'émotions et de nuances culturelles qui enrichissent et animent le paysage narratif.

Contexte historique de la Corée : la signification culturelle des couleurs

Dans la riche tapisserie de l'histoire et de la culture coréennes, les couleurs ont eu une signification profonde, ancrée dans l'identité nationale et la conscience collective. Le symbolisme des couleurs en Corée a des racines qui plongent profondément dans le passé du pays, représentant une interaction complexe de couches culturelles, sociales et linguistiques.

Pour comprendre la signification des couleurs dans la culture coréenne, il faut reconnaître leurs liens avec les récits historiques, les concepts philosophiques et les pratiques traditionnelles. Par exemple, dans la tradition confucéenne, les couleurs étaient étroitement associées aux cinq vertus cardinales : le bleu (qing) représentait la bienveillance, le rouge (zhu) symbolisait la bienséance, le jaune (huang) la fidélité, le blanc (bai) la droiture et le noir (hei) la sagesse. Ce lien entre la couleur et la vertu renforce le rôle omniprésent du symbolisme des couleurs dans la formation du discours moral et éthique au sein de la société coréenne.

Elles ont également joué un rôle essentiel dans l'architecture, l'art, les vêtements et les rituels traditionnels coréens. Dans la conception architecturale, des couleurs spécifiques étaient choisies de manière complexe pour refléter l'harmonie et l'équilibre recherchés dans les espaces de vie. Dans les formes d'art traditionnel telles que le hanbok, la palette de couleurs vives et variées reflète le statut social, les croyances spirituelles et les sensibilités esthétiques, donnant ainsi de la profondeur et du contexte aux expressions visuelles du peuple. En outre, lors des cérémonies et des fêtes coutumières, les couleurs étaient utilisées pour évoquer des significations de bon augure et se prémunir contre les forces malveillantes, préservant ainsi les coutumes anciennes et renforçant les liens communautaires.

L'importance historique des couleurs en Corée est également liée à des moments cruciaux de l'histoire du pays. Par exemple, sous la dynastie Joseon, l'utilisation stratégique de couleurs spécifiques dans les palais royaux, les vêtements de cérémonie et les emblèmes officiels était emblématique de la dynamique du pouvoir, des affiliations politiques et de la continuité dynastique. Elles faisaient également partie intégrante de la communication au sein des structures hiérarchiques et des normes culturelles prévalant dans la société, reflétant les relations nuancées entre la classe dirigeante, les érudits, les artisans et les roturiers. Cette intégration des couleurs dans le tissu de l'histoire coréenne illustre leur rôle multiforme en tant que dépositaires de la tradition, vaisseaux d'expression et vecteurs de l'ordre social.

Dans la Corée contemporaine, la signification culturelle des couleurs continue de résonner, évoluant en même temps que les transformations sociétales et les influences mondiales. Du symbolisme du drapeau national aux interprétations modernes dans les arts visuels et les médias, les couleurs restent un langage durable par lequel l'identité coréenne est à la fois communiquée et perpétuée. Alors que nous nous plongeons dans le discours sur le symbolisme des couleurs dans « Le livre blanc » de Han Kang, il est essentiel d'apprécier l'héritage complexe des couleurs dans la culture coréenne, car elles servent non seulement de signifiants esthétiques, mais aussi de reflets profonds de valeurs, d'aspirations et d'histoires profondément enracinées dans l'expérience coréenne.

Dichotomie noir et blanc : le contraste dans l'existence

Dans la littérature, l'interaction entre le noir et le blanc représente souvent une dualité fondamentale, incarnant des aspects contrastés de l'existence. Cette dichotomie transcende les simples couleurs physiques, car elle est porteuse d'un poids symbolique profond et d'une résonance thématique. Dans le contexte du Livre blanc de Han Kang, la juxtaposition du noir et du blanc sert de lentille pour explorer les complexités de la vie, de la mort et de l'expérience humaine.

La dichotomie du noir et du blanc possède une riche signification historique et culturelle, dont les racines s'étendent bien au-delà des considérations esthétiques. En Asie de l'Est, notamment en Corée, ces couleurs sont imprégnées d'un symbolisme profondément ancré. Si le noir est souvent associé au deuil, à la solennité et au mystère, le blanc est traditionnellement synonyme de pureté, d'innocence et d'illumination. Ce symbolisme traditionnel est essentiel pour comprendre les fondements thématiques du « Livre blanc », car Han Kang explore en profondeur le poids émotionnel et les implications existentielles de ces associations de couleurs.

En outre, le contraste entre le noir et le blanc va au-delà de leurs significations symboliques pour englober un domaine philosophique et existentiel plus large. Le jeu de ces teintes opposées sert à souligner la tapisserie complexe de l'existence humaine, un équilibre délicat entre la lumière et l'obscurité, la vie et la mort, la joie et la tristesse. Cette dichotomie se reflète dans le récit fragmenté du « Livre blanc », où les moments d'exaltation et de désespoir s'entremêlent, formant un paysage émotionnel complexe.

L'exploration de la dichotomie du noir et du blanc implique également un examen de la tension inhérente entre la présence et l'absence. Le noir représente la profondeur, l'inconnu et le vide énigmatique, tandis que le blanc signifie l'ouverture, la pureté et la possibilité. Dans « Le livre blanc », cette tension se manifeste dans l'exploration de la mémoire, de la perte et des traces laissées par ceux qui nous ont quittés. L'entrelacement de ces éléments contrastés donne lieu à une représentation nuancée de l'existence humaine, où l'absence coexiste avec l'abondance et l'obscurité avec la lumière.

En fin de compte, la dichotomie du noir et du blanc dans « Le livre blanc » transcende l'opposition simpliste, offrant une méditation à plusieurs niveaux sur les complexités de l'existence. En approfondissant les dimensions symboliques et thématiques de ces couleurs, Han Kang élabore un récit qui invite les lecteurs à contempler les paradoxes et les complexités inhérents à la condition humaine.

Pureté et absence : le rôle du blanc dans la narration

Dans « Le livre blanc », Han Kang utilise magistralement le motif du blanc pour transmettre des couches de sens, en donnant un sentiment de pureté et d'absence qui imprègne le récit. L'utilisation symbolique du blanc transcende sa signification littérale, plongeant dans les domaines de l'émotion, de la mémoire et de la contemplation existentielle. En tant que toile de fond sur laquelle se déroule l'histoire, le blanc sert de canevas à l'exploration de la perte, du souvenir et du passage du temps. Il symbolise la pureté et évoque les notions d'innocence et de simplicité, tout en signifiant l'absence et le vide.

Cette dichotomie entre pureté et absence crée une riche tapisserie d'émotions, invitant les lecteurs à réfléchir à la nature éphémère de l'expérience humaine. À travers la représentation du blanc, Kang tisse un récit qui oscille entre présence et absence, résilience et vulnérabilité. L'absence de couleur devient alors un canal d'introspection, incitant les lecteurs à plonger dans les profondeurs de leurs propres expériences et interprétations. Le rôle du blanc dans le récit n'est pas simplement ornemental ; il est profondément imbriqué dans le paysage psychologique et émotionnel des personnages, imprégnant le texte d'un symbolisme profond.

Le jeu de la pureté et de l'absence invite le lecteur à contempler la fragilité de l'existence, le poids de la mémoire et les vérités inexprimées qui subsistent dans les recoins de la conscience. L'exploration nuancée du rôle du blanc dans la narration illustre la maîtrise dont fait preuve Kang dans l'utilisation du symbolisme pour évoquer des réflexions profondes sur la condition humaine. Au fil du récit, la présence du blanc devient un point d'ancrage, ancrant le lecteur dans un espace contemplatif où les complexités de la vie et de la perte sont mises à nu. Ce faisant, Kang crée un récit qui transcende les frontières linguistiques et trouve un écho universel auprès des lecteurs. Grâce à la pureté et à l'absence incarnées par le motif du blanc, « Le livre blanc » devient une méditation poignante sur la nature éphémère de l'existence, invitant les lecteurs à se confronter aux aspects ineffables du voyage collectif de l'humanité.

Deuil et transcendance : la palette émotionnelle

Dans Le Livre blanc, le motif de la couleur va au-delà d'un simple élément visuel, plongeant dans les états émotionnels et les paysages psychologiques du narrateur. En explorant les thèmes du deuil et de la transcendance, nous découvrons la résonance profonde des couleurs dans la transmission des profondeurs de l'expérience humaine. L'auteur tisse une tapisserie d'émotions à travers le langage des couleurs, offrant une représentation nuancée du deuil qui transcende les expressions traditionnelles. Le blanc devient la couleur prédominante, symbolisant à la fois la pureté et l'absence, reflétant l'interaction complexe de la perte et de l'espoir.

Il sert de toile sur laquelle le deuil est peint, donnant forme au chagrin intangible qui imprègne le récit. Le chagrin, dépeint à travers l'absence de couleur, devient une entité en soi, une présence silencieuse qui s'attarde dans les espaces entre les mots, évoquant un sentiment de tendre mélancolie. La juxtaposition du blanc avec d'autres teintes introduit un jeu dynamique qui souligne les multiples facettes du deuil. Les subtiles variations de couleurs servent de palette émotionnelle, capturant les nuances complexes de la mélancolie, de la nostalgie et du souvenir.

Cette palette émotionnelle démêle les couches de l'expérience humaine, offrant une exploration poignante du pouvoir de transformation du deuil.

En outre, l'auteur navigue habilement sur le chemin de la transcendance, insufflant au récit des moments de beauté lumineuse et d'introspection spirituelle. Grâce à l'utilisation évocatrice des couleurs, le récit transcende les limites du deuil et embrasse des moments de réconfort et d'illumination.

La palette émotionnelle devient alors un vaisseau de transcendance, guidant le lecteur dans un voyage de guérison et de rédemption. En fin de compte, la confluence tourbillonnante des couleurs dans « Le Livre blanc » invite les lecteurs à s'engager dans la nature ineffable du deuil et du potentiel de transformation de l'esprit humain. La palette émotionnelle se déploie comme un testament de la résilience du cœur humain, dressant un portrait vivant du chagrin et de la transcendance qui se répercute longtemps après les dernières pages. Dans son exploration du deuil et de la transcendance, « Le livre blanc » est un chef-d'œuvre qui met en lumière le pouvoir durable de la narration pour traverser les profondeurs de l'émotion et offrir un réconfort face à une perte immense.

Nuances subtiles : nuances dans le développement des personnages

Dans « Le livre blanc », Han Kang utilise de manière experte des teintes subtiles comme dispositif narratif pour approfondir les subtilités du développement des personnages. Plutôt que des actions manifestes ou des dialogues explicites, le jeu nuancé des couleurs reflète symboliquement les mondes intérieurs des personnages. Chaque choix de couleur est délibéré, porte sa propre signification et contribue à la représentation multidimensionnelle des personnages. Grâce à l'utilisation de teintes subtiles, Kang crée une profondeur atmosphérique qui permet aux lecteurs de mieux comprendre les paysages psychologiques des personnages. Les couleurs sont imprégnées d'une résonance émotionnelle qui permet d'explorer plus en profondeur les troubles intérieurs, les désirs et les vulnérabilités des personnages.

En tissant soigneusement ces teintes subtiles dans le tissu de sa prose, Kang révèle magistralement la complexité des émotions humaines, offrant aux lecteurs un aperçu des profondeurs de la psyché humaine. En outre, le jeu des couleurs ne façonne pas seulement les personnages individuels, mais influence également la dynamique de leurs relations. L'auteur intègre habilement les nuances du symbolisme des couleurs pour illustrer l'interconnexion entre les personnages et leurs expériences communes. Cela ajoute des couches de profondeur au récit, favorisant une connexion plus profonde entre les lecteurs et les personnages.

En naviguant dans le réseau complexe des teintes subtiles, les lecteurs sont témoins de l'évolution des relations et des tensions sous-jacentes qui façonnent les interactions entre les personnages. Cette attention portée aux détails renforce le développement des personnages et leur confère richesse et authenticité. En fin de compte, l'utilisation de teintes subtiles dans le développement des personnages transcende la simple description ; elle devient un outil puissant pour exprimer les complexités profondes de la condition humaine, démontrant la remarquable capacité de Kang à susciter l'empathie et l'introspection chez ses lecteurs.

Interaction structurelle : la couleur et les techniques de narration

La couleur n'est pas simplement un élément visuel dans « Le livre blanc » de Han Kang ; elle sert de dispositif narratif important, insufflant au récit un sens plus profond et une résonance émotionnelle. L'interaction structurelle entre la couleur et les techniques de narration est une démonstration magistrale d'artisanat littéraire qui élève l'expérience de lecture. Grâce à l'utilisation complexe de la couleur, Kang tisse une tapisserie à plusieurs niveaux d'émotions, de souvenirs et de contemplations. Au fur et à mesure que le lecteur se plonge dans le texte, il est attiré dans un monde où la couleur fait partie intégrante du processus de narration, enrichissant l'exploration thématique et le développement des personnages.

L'une des principales techniques de narration utilisées par Kang consiste à placer stratégiquement et à répéter des couleurs spécifiques pour indiquer les différentes étapes du voyage du narrateur. En associant différentes couleurs à des souvenirs ou des émotions spécifiques, Kang crée une continuité visuelle qui correspond au paysage intérieur du protagoniste. Cette interaction structurelle apporte de la profondeur et de la dimension au récit, invitant les lecteurs à déchiffrer le symbolisme et à interpréter les nuances de sens contenues dans le texte.

En outre, l'utilisation de la couleur comme technique de narration permet à Kang de créer une expérience rythmique et sensorielle pour le lecteur. L'invocation délibérée de teintes et de tons évoque une imagerie sensorielle vivante qui permet au récit de se dérouler à de multiples niveaux de perception. Le lecteur n'est pas seulement plongé dans les réflexions introspectives du narrateur, il est également immergé dans un voyage synesthésique où la couleur devient un langage en soi, communiquant des vérités inexprimées et évoquant des sensations poignantes. L'interaction structurelle entre la couleur et les techniques de narration engendre ainsi une fusion profonde de la narration visuelle et émotionnelle, captivant les lecteurs par sa cohérence esthétique et thématique.

Outre son rôle dans la caractérisation des émotions et des souvenirs, l'interaction entre les couleurs et les techniques de narration révèle l'attention méticuleuse que Kang porte aux détails dans l'élaboration d'un récit cohérent et percutant. La juxtaposition délibérée de couleurs contrastées et l'omission stratégique de certaines teintes soulignent l'approche perspicace de Kang en matière de narration, créant une cadence littéraire à la fois stimulante sur le plan intellectuel et évocatrice sur le plan émotionnel. En orchestrant méticuleusement le jeu des couleurs et des techniques de narration, Kang invite les lecteurs à s'embarquer dans une exploration thématique qui transcende les frontières du langage et résonne à un niveau profond et universel.

En fin de compte, l'interaction structurelle entre les couleurs et les techniques de narration dans Le livre blanc illustre les prouesses de Kang en tant qu'artiste littéraire, mettant en évidence sa capacité à insuffler une signification symbolique et une profondeur émotionnelle à chaque aspect de la narration. Grâce à cette intégration magistrale de la couleur et de la narration, Kang offre une expérience de lecture captivante et immersive, mais il réaffirme aussi le pouvoir transformateur de la littérature, qui permet d'éclairer les complexités de l'expérience humaine.

Analyse comparative avec d'autres ouvrages sur l'utilisation des couleurs

Le symbolisme des couleurs est une caractéristique importante de diverses œuvres littéraires, car il façonne les récits et renforce la profondeur de la narration. En juxtaposant « Le Livre blanc » de Han Kang à d'autres œuvres remarquables qui utilisent le symbolisme des couleurs, il devient évident que l'utilisation des couleurs va au-delà du simple embellissement esthétique et revêt une profonde signification thématique et métaphorique. L'une de ces analyses comparatives établit des parallèles entre la représentation du blanc et de son symbolisme par Kang et Station Eleven d'Emily St. John Mandel, où la couleur blanche est utilisée comme motif représentant l'espoir et la résilience à la suite d'une pandémie dévastatrice.

Cette perspective comparative met en lumière les diverses interprétations et nuances associées à la même couleur dans des contextes narratifs distincts. Par ailleurs, l'examen de l'utilisation du noir en tant qu'élément symbolique dans la littérature, comme le montre le livre Beloved de Toni Morrison, crée un contraste convaincant avec l'exploration du blanc par Kang dans Le livre blanc. Alors que le noir dénote une angoisse profonde et un traumatisme obsédant dans le roman de Morrison, l'utilisation du blanc par Kang aborde les thèmes de la pureté, de la perte et de l'introspection. Ce parallèle souligne la nature multiforme du symbolisme des couleurs et met en évidence la polyvalence des couleurs dans la transmission d'émotions complexes et de couches thématiques. Au-delà de la littérature, l'utilisation du symbolisme des couleurs dans les arts visuels, tels que les peintures abstraites de Wassily Kandinsky, offre une perspective interdisciplinaire sur l'interaction entre la couleur et l'expression.

En analysant la relation symbiotique entre la couleur et l'émotion dans l'art de Kandinsky, on peut établir des parallèles avec l'approche nuancée de Kang qui insuffle une résonance émotionnelle à la couleur dans « Le livre blanc ». Cette exploration comparative ne sert pas seulement à améliorer la compréhension de l'utilisation des couleurs, mais souligne également le langage universel des couleurs qui suscite des réponses sensorielles et émotionnelles profondes à travers diverses formes d'expression artistique. Grâce à ces analyses comparatives, il devient évident que l'utilisation méticuleuse du symbolisme des couleurs par Han Kang dans « Le Livre blanc » transcende les conventions, en fournissant une riche tapisserie d'exploration thématique et en invitant les lecteurs à s'engager dans les profondes subtilités intégrées dans le récit.

Interviews : Han Kang s'exprime sur ses choix de couleurs

Dans une série d'entretiens exclusifs, l'auteur se penche sur la signification profonde de la couleur dans ses œuvres littéraires, offrant des aperçus éclairants sur son processus créatif. Lorsqu'on lui demande pourquoi elle a incorporé un symbolisme coloré méticuleux dans « Le livre blanc », Han Kang explique que l'exploration du blanc en tant que motif récurrent représente la nature éthérée et éphémère de la vie et de la mémoire. Elle explique qu'en employant diverses nuances et tonalités, elle a voulu évoquer une expérience sensorielle pour le lecteur, l'invitant à percevoir le récit à travers une palette d'émotions tissée de manière complexe.

Han Kang attribue sa fascination pour la couleur à sa croyance profonde dans le lien intrinsèque entre les stimuli visuels et la résonance émotionnelle. Elle révèle que chaque teinte du « Livre blanc » a été choisie méticuleusement pour provoquer l'introspection et la contemplation, et ainsi évoquer la complexité de l'expérience humaine. En outre, lorsqu'on l'interroge sur les connotations culturelles implicites associées à certaines couleurs dans la société coréenne, Kang explique le lexique chromatique unique ancré dans la conscience collective de sa culture d'origine. Elle explique également les fondements historiques et mythologiques de la couleur en Corée, mettant en lumière les couches de signification infusées dans chaque pigment.

Les réflexions de Kang sur ses choix de couleurs offrent un rare aperçu de la riche tapisserie d'influences qui nourrissent sa vision artistique, indiquant une interaction nuancée entre les sensibilités personnelles et les contextes socioculturels plus larges. Ces entretiens permettent d'apprécier plus profondément les complexités stimulantes tissées dans la trame du « Livre blanc », en établissant le rôle indispensable de la couleur en tant que conduit transcendant pour l'exploration thématique et la résonance narrative.

Conclusion : la couleur comme lentille pour comprendre « Le livre blanc »

En conclusion, le motif de la couleur dans « Le livre blanc » de Han Kang sert de lentille à multiples facettes à travers laquelle le récit peut être compris et interprété. L'utilisation délibérée du symbolisme des couleurs ajoute des couches de profondeur et de signification au texte, enrichissant l'expérience du lecteur et son engagement dans l'histoire. En explorant les différentes nuances et teintes, Kang tisse de manière complexe une tapisserie visuelle et émotionnelle qui résonne avec une signification profonde.

La couleur, telle qu'elle est employée dans « Le livre blanc », transcende la simple description esthétique et devient un outil puissant pour transmettre des émotions, des thèmes et des questions philosophiques. La prédominance du blanc dans le récit symbolise la pureté, l'innocence et la toile vierge de l'existence, invitant à la contemplation de la vie, de la mort et des espaces intermédiaires. Elle représente également le vide qui coexiste avec la plénitude, suscitant des réflexions sur l'absence et la présence.

En outre, la juxtaposition du blanc avec d'autres couleurs, ou leur absence, traduit un jeu nuancé de contrastes et de compléments. Ce jeu dépeint la complexité des expériences humaines, des relations et de l'interconnexion entre le passé et le présent. En plongeant dans les contextes historiques et culturels du symbolisme des couleurs en Corée, Kang établit un pont entre les récits personnels et les souvenirs collectifs, mettant en valeur l'universalité de la condition humaine.

Grâce aux interviews, Kang a fourni des informations précieuses sur ses choix délibérés de couleurs, révélant les processus de réflexion qui sous-tendent l'intégration du symbolisme des couleurs dans la narration. Ses explications sur la sélection et la disposition des couleurs mettent en lumière le processus complexe d'élaboration de la signification de chaque teinte, soulignant l'attention méticuleuse portée aux détails dans la narration.

Il est évident que « Le livre blanc » exploite le potentiel émotionnel et thématique de la couleur pour créer une expérience de lecture multidimensionnelle. La richesse interprétative dérivée de l'exploration du symbolisme des couleurs renforce la qualité immersive du texte, offrant un terrain fertile à l'analyse savante et au discours critique. En naviguant dans le paysage narratif, le lecteur est encouragé à reconnaître l'interconnexion entre la couleur, l'émotion, la mémoire et l'existence, ce qui favorise une compréhension plus profonde du voyage humain.

En substance, « Le livre blanc » illustre le pouvoir de transformation de la couleur en tant qu'outil littéraire, invitant les lecteurs à contempler la signification inhérente des teintes, des nuances et des pigments qui façonnent nos perceptions et nos interprétations du monde.

10

Le corps comme champ de bataille

Pouvoir et résistance dans les écrits de Kang

Introduction aux thèmes corporels dans l'œuvre de Kang

L'œuvre littéraire de Han Kang explore en profondeur le corps humain en tant que symbole aux multiples facettes, incarnant une myriade de thèmes et d'émotions. Grâce à sa prose évocatrice et à sa riche imagerie, Han Kang navigue habilement sur le terrain de la corporalité, utilisant le corps comme une lentille à travers laquelle elle scrute les expériences humaines complexes, les normes sociétales et les dilemmes existentiels. Le motif du corps apparaît comme une métaphore puissante et récurrente, imprégnée de plusieurs niveaux de signification, dans des œuvres remarquables telles que « La végétarienne», « Actes humains » et « Le livre blanc ».

Dans l'univers de Kang, le corps transcende sa physicalité pour devenir un lieu de résistance, de vulnérabilité, de traumatisme et d'autonomisation. En approfondissant les liens complexes entre l'existence corporelle et la psyché, Kang met en lumière les liens intrinsèques entre l'action corporelle et l'action personnelle, invitant les lecteurs à contempler les implications profondes de l'incarnation.

En outre, la représentation du corps par Kang va au-delà de la simple physicalité, plongeant dans les dimensions socioculturelles et philosophiques de la représentation corporelle. Que ce soit pour subvertir les normes sociétales ou pour remettre en question les dynamiques de pouvoir établies, le corps dans les récits de Kang devient une toile puissante sur laquelle elle illustre la complexité de l'existence humaine. Cette exploration des thèmes corporels témoigne des prouesses de Kang dans la construction de récits qui dissèquent astucieusement l'essence même de la nature humaine, déterrant les vérités brutes et les vulnérabilités qui sont intrinsèquement liées à l'être corporel.

Analyser le corps fragmenté : une métaphore récurrente

Dans le paysage littéraire de Han Kang, le concept du corps fragmenté apparaît comme une métaphore profonde et récurrente qui transcende les récits individuels. Le corps physique devient une toile sur laquelle Kang peint des représentations complexes de l'existence humaine, plongeant souvent dans les complexités de l'émotion, du traumatisme et de la discorde sociétale. La fragmentation du corps est un symbole puissant, qui reflète les dissonances et les fractures inhérentes à la vie des personnages, ainsi que les réalités sociopolitiques plus larges.

Kang utilise avec art le corps fragmenté comme véhicule pour exprimer les luttes internes et les dilemmes existentiels de ses protagonistes. Grâce à des descriptions viscérales et à une imagerie évocatrice, elle tisse de manière complexe les dimensions physiques et émotionnelles de leurs expériences, créant ainsi une tapisserie narrative qui trouve un écho profond chez les lecteurs. La forme brisée et fragmentée n'est pas simplement un procédé littéraire, mais un moyen par lequel Kang aborde les thèmes de l'aliénation, de la souffrance et de la quête d'identité.

En outre, le corps fragmenté évoque un sentiment de vulnérabilité et d'impermanence, invitant les lecteurs à se confronter à la nature éphémère de l'existence humaine. Kang juxtapose habilement la fragmentation corporelle aux dimensions psychologiques et spirituelles de ses personnages, imprégnant ainsi son œuvre d'un sentiment de poignante hantise. Cette interaction réfléchie entre les domaines physique et métaphysique amplifie la richesse thématique de ses récits et invite les lecteurs à s'attaquer à des questions profondes sur la condition humaine.

En outre, le corps fragmenté sert de commentaire brutal sur les ruptures et les bouleversements sociétaux qui imprègnent les mondes fictifs de Kang. Il devient une manifestation visuelle de l'effritement du tissu social, faisant écho aux fractures au sein des communautés et à la désintégration des liens interpersonnels. À travers cette lentille métaphorique, Kang confronte les traumatismes collectifs et les histoires non résolues qui continuent de façonner la société contemporaine, offrant une critique brûlante des injustices systémiques et des cicatrices durables laissées par les conflits du passé.

En fin de compte, le corps fragmenté dans l'écriture de Kang incarne une multiplicité de significations, servant de site de convergence pour les remises en question personnelles, interpersonnelles et sociétales. Il témoigne des prouesses narratives de Kang et de sa capacité à mêler le tangible à l'intangible, en créant des histoires qui résonnent à la fois sur des plans viscéraux et métaphysiques. En disséquant le corps fragmenté, métaphore récurrente dans l'œuvre de Kang, on comprend mieux la profondeur de sa vision littéraire et l'impact durable de ses récits.

L'incarnation et la désincarnation en tant que dispositifs narratifs

L'incarnation et la désincarnation sont des procédés narratifs profonds dans les compositions littéraires de Han Kang, qui leur confèrent des couches de sens et évoquent un symbolisme puissant. Le corps physique sert de réceptacle à l'expérience humaine, encapsulant les émotions, les souvenirs et le conditionnement sociétal. Kang utilise magistralement le concept d'incarnation pour transmettre les luttes internes, les désirs et les vulnérabilités des personnages. Grâce à une prose méticuleuse, elle décrit les manifestations corporelles du traumatisme, de l'amour et du défi, ce qui permet au lecteur de s'identifier intimement aux expériences vécues par les personnages. Cette représentation nuancée de l'incarnation enrichit non seulement le récit, mais incite également à la contemplation de la condition humaine universelle.

À l'inverse, Kang entremêle subtilement les thèmes de la désincarnation, remettant en question les perceptions conventionnelles de la corporalité et de l'identité. En déconstruisant la forme physique, elle se confronte à des questions existentielles et plonge dans l'essence de l'être. La notion de désincarnation est habilement tissée dans son récit, invitant les lecteurs à s'interroger sur l'importance du corps dans la définition de l'individualité et de l'action. Grâce à ce procédé littéraire, Kang invite le public à contempler la nature éphémère de l'existence physique et l'héritage durable de l'esprit humain. L'interaction entre l'incarnation et la désincarnation fonctionne comme un treillis thématique, entrelacé dans les récits de Kang, perpétuant une exploration approfondie de l'expérience humaine.

En outre, l'utilisation de l'incarnation et de la désincarnation transcende les simples implications métaphoriques, et sert de commentaire poignant sur les constructions sociétales et la dynamique du pouvoir. Kang explore habilement les thèmes du contrôle, de l'autonomie et des pressions sociétales à travers le prisme de la représentation corporelle. Ce faisant, elle dévoile les subtilités des déséquilibres de pouvoir et remet en question les normes établies, offrant une critique convaincante des idéologies dominantes. La juxtaposition d'états incarnés et désincarnés devient alors un moyen d'examiner les complexités de l'autorité, de la coercition et de la résistance dans les limites de la forme physique.

En résumé, l'incorporation habile par Kang de l'incarnation et de la désincarnation en tant que dispositifs narratifs souligne la profondeur et la complexité de son travail littéraire. Grâce à ces mécanismes, elle construit une tapisserie à multiples facettes de l'expérience humaine, incitant à l'introspection et engendrant une communion empathique avec ses personnages. Alors que les lecteurs naviguent dans l'interaction dynamique entre la physicalité et la transcendance, les récits de Kang invitent à un examen approfondi de la lutte inhérente pour la définition de soi, la résilience et la libération.

L'interaction entre le pouvoir, l'autorité et la forme humaine

Dans l'univers littéraire de Han Kang, le corps humain est le lieu de négociations complexes sur le pouvoir et l'autorité. La forme physique devient une toile sur laquelle s'inscrivent les normes et les structures sociétales, tout en servant de lieu de résistance et de défi aux forces dominantes. À travers sa prose évocatrice, Kang dissèque méticuleusement les façons dont les dynamiques de pouvoir se manifestent à l'intérieur et sur la forme humaine, démêlant les moyens subtils mais omniprésents par lesquels l'autorité est affirmée et subvertie.

L'exploration par Kang de l'interaction entre le pouvoir, l'autorité et la forme humaine plonge dans les mécanismes nuancés par lesquels les hiérarchies sociales sont maintenues et remises en question. C'est dans le domaine corporel que les relations de pouvoir sont le plus souvent ressenties et contestées, que ce soit par l'autonomie corporelle, les contraintes physiques ou la politisation de certains attributs physiques. Ses récits tissent ensemble la danse complexe de l'action, du contrôle et de la vulnérabilité qui accompagne l'incarnation des structures de pouvoir dans le physique humain.

En outre, l'examen approfondi du pouvoir et de l'autorité auquel se livre Kang transcende la simple analyse des prouesses physiques ou de la domination ; elle se penche sur les dimensions psychologiques et émotionnelles de la manière dont le pouvoir s'imprime sur le corps, façonnant non seulement les actions extérieures, mais aussi les paysages intérieurs. Ce portrait aux multiples facettes met en lumière la manière dont le pouvoir et l'autorité sont intériorisés et projetés à travers le corps, en éclairant les intersections complexes de la physicalité avec l'action et l'identité.

Par ailleurs, la forme humaine apparaît comme un lieu de contestation et de défi, où les actes de résistance et de revendication se manifestent par des moyens corporels. Dans les récits de Kang, le corps devient un vecteur de remise en question des structures de pouvoir normatives, de subversion des attentes et de récupération de l'autorité face aux forces oppressives. En dépeignant des personnages qui résistent par leur présence physique, Kang articule le pouvoir puissant inhérent à la défiance corporelle, amplifiant le potentiel de transformation de la forme humaine en tant qu'instrument de libération et de revendication.

En naviguant habilement entre la dynamique du pouvoir et l'action corporelle, l'exploration de Kang invite les lecteurs à réfléchir à l'importance durable de la forme humaine dans la perpétuation des structures dominantes du pouvoir et de l'autorité, ainsi que dans la résistance à ces structures.

Subvertir les normes : la physicalité comme résistance

Dans l'œuvre littéraire de Han Kang, la forme corporelle sert de lieu de rébellion contre les attentes et les normes de la société. L'acte de subvertir les normes par le biais de la physicalité est un thème récurrent qui montre comment les personnages résistent aux structures hégémoniques par l'intermédiaire de leur corps. Kang explore habilement la façon dont le corps devient un outil de résistance, remettant en question les dynamiques de pouvoir établies et les contraintes culturelles en incarnant la défiance.

Grâce à une imagerie vivante et à des récits viscéraux, Kang dépeint le potentiel transformateur de l'expression physique comme moyen de défier la conformité. Qu'il s'agisse de la protagoniste de « La végétarienne » qui s'affirme par son choix alimentaire radical ou des personnages de « Actes humains » qui embrassent activement leur autonomie corporelle face à l'oppression politique, Kang illustre avec brio comment les actes physiques peuvent constituer une forme profonde de résistance.

En outre, l'approche nuancée de Kang approfondit l'intersectionnalité de la résistance, en mettant l'accent sur la relation entre la défiance corporelle et divers aspects de l'identité, notamment le genre, la culture et les attentes de la société. En démantelant les perceptions traditionnelles de la physicalité et en élevant la voix des groupes marginalisés, Kang montre comment le corps peut être utilisé comme un puissant instrument de résistance et d'autonomisation.

En explorant la physicalité comme résistance, le lecteur se retrouve face à des questions qui l'amènent à réfléchir sur la manière dont la société cherche à réguler et à contrôler le corps. En remettant en question ces structures normatives, les personnages de Kang récupèrent leur autonomie et affirment leur individualité, catalysant ainsi une transformation qui transcende les limites de la forme physique.

En fin de compte, « Subverting Norms : Physicality as Resistance » met en lumière l'engagement indéfectible de Kang à dépeindre le corps comme un lieu de défi et de résilience, invitant les lecteurs à contempler le potentiel transformateur de la résistance incarnée dans le contexte des conventions sociétales et de la dynamique du pouvoir.

Intersection avec l'identité : genre, culture et corporéité

Dans l'exploration littéraire de la corporalité par Han Kang, l'intersection entre le corps et l'identité, en particulier le genre et la culture, devient un point central de l'enquête. Han Kang explore habilement les complexités de la façon dont le corps fonctionne comme un réceptacle des attentes sociétales et culturelles, notamment en ce qui concerne les normes de genre et les traditions culturelles. Grâce à des portraits de personnages nuancés et à une narration évocatrice, Kang examine comment le moi physique est lié à l'identité personnelle et collective.

L'identité de genre, un thème récurrent dans l'œuvre de Kang, est mise en lumière par ses personnages fascinants qui sont aux prises avec des constructions sociétales dictant leur comportement en fonction de normes de genre perçues. L'exploration des expériences, des désirs et des contraintes liés au genre offre de riches couches à l'œuvre de Kang, offrant une critique puissante des structures patriarcales enracinées et de leur impact sur l'action individuelle.

En outre, Kang navigue habilement entre les tensions nées de la collision entre l'héritage culturel et l'expression corporelle. Ses récits dévoilent souvent les tensions nées de la collision entre les attentes culturelles traditionnelles et l'autonomie de la forme physique. En entremêlant expériences corporelles et signifiants culturels, l'auteure met en lumière l'influence profonde des contextes culturels sur l'existence incarnée, et dévoile les luttes des individus pris entre tradition et modernité.

Cet examen de l'identité corporelle dans le cadre plus large du genre et de la culture reflète les discours contemporains sur l'intersectionnalité, offrant aux lecteurs une implication profonde dans les multiples dimensions de l'expérience humaine. En instaurant un dialogue stimulant sur l'interaction entre les identités sociales et les manifestations corporelles, Kang invite les lecteurs à reconsidérer les relations complexes entre les aspects physiques, socioculturels et profondément personnels de l'identité. Son œuvre littéraire constitue ainsi un témoignage convaincant des interconnexions complexes entre la corporalité, le genre et l'appartenance culturelle, et offre une riche tapisserie pour la réflexion et le discours critiques.

Dimensions psychologiques de la représentation corporelle

L'exploration de la représentation corporelle dans la littérature transcende le physique et pénètre dans le domaine complexe de la psychologie. L'œuvre littéraire de Han Kang entremêle magistralement le corporel et le psychologique, créant une riche tapisserie de thèmes et d'émotions. En naviguant dans ses paysages narratifs, les lecteurs découvrent un éventail de dimensions psychologiques intégrées à la représentation du corps. Cette approche à multiples facettes permet à Kang de sonder profondément la psyché humaine et de présenter une compréhension nuancée de la façon dont le corps façonne et est façonné par nos pensées et nos émotions les plus intimes.

L'habileté avec laquelle Kang dépeint les dimensions psychologiques de la représentation corporelle est évidente dans l'attention méticuleuse qu'elle porte aux luttes et aux conflits internes des personnages. À travers une prose vivante et évocatrice, elle dévoile les complexités de leurs mondes intérieurs, reflétant souvent leurs troubles psychologiques dans les manifestations de leurs formes physiques. Cette interaction entre le psychologique et le corporel confère aux récits de Kang une profondeur fascinante, invitant les lecteurs à contempler l'interconnexion profonde de l'esprit et du corps.

En outre, Kang utilise habilement le symbolisme et l'allégorie pour éclairer les courants subconscients qui sous-tendent l'expérience de ses personnages à habiter leur corps. En employant des procédés littéraires qui comblent le fossé entre le tangible et l'intangible, elle amplifie la résonance psychologique de la représentation corporelle, favorisant un engagement plus profond avec les subtilités de la condition humaine. L'imbrication des dimensions psychologiques et de la représentation corporelle sert de catalyseur à l'introspection, incitant les lecteurs à réfléchir aux motivations, aux peurs et aux désirs sous-jacents qui façonnent notre relation avec notre moi physique.

En substance, les dimensions psychologiques de la représentation corporelle dans l'écriture de Han Kang servent de lentille à travers laquelle la complexité de l'existence humaine est reflétée. Chaque personnage devient une mosaïque de subtilités psychologiques intimement liées à sa présence corporelle. La capacité de Kang à démêler les profondeurs psychologiques inhérentes à la représentation corporelle contribue à l'impact durable de son œuvre, qui transcende les limites de la page pour résonner profondément dans la conscience du lecteur. En approfondissant les dimensions psychologiques de la représentation corporelle, Kang enrichit le paysage littéraire d'une exploration approfondie de la nature symbiotique du lien entre le corps et l'esprit.

Étude de cas : La chair inflexible du végétarien

Dans « La végétarienne», Han Kang dissèque magistralement les complexités du corps humain, le présentant comme un champ de bataille sur lequel s'affrontent des forces culturelles, familiales et sociétales. Ce roman explore en profondeur la transformation psychologique et physique de la protagoniste, Yeong-hye, dont la décision résolue de renoncer à la viande entraîne une série de répercussions profondes. À travers une prose méticuleuse, Kang tisse un récit complexe qui met en avant la nature inflexible de la chair, l'impliquant comme un lieu à la fois d'action personnelle et de contrôle externe. Chaque modification corporelle reflète métaphoriquement la détermination grandissante de Yeong-hye et sa rébellion contre les normes sociétales, ce qui conduit à une exploration poignante de l'interaction entre le corporel et l'intangible. En outre, la représentation du défi inébranlable de Yeong-hye face aux attentes traditionnelles incarne un discours nuancé sur l'autonomie corporelle et les conséquences d'un écart par rapport aux coutumes établies.

La description évocatrice de la lutte de Yeong-hye par Kang résonne avec des courants historiques et culturels profondément ancrés dans la société coréenne, ainsi qu'avec des conversations mondiales plus larges concernant la souveraineté individuelle sur sa propre forme physique. L'imagerie viscérale utilisée tout au long de « La végétarienne » souligne l'essence indomptable du corps humain, qui résiste aux impositions extérieures tout en supportant le poids des troubles intérieurs. Au fur et à mesure que les lecteurs sont entraînés dans la désintégration des limites corporelles de Yeong-hye, ils sont confrontés à la réalité inconfortable de la façon dont les corps peuvent servir de sites contestés pour la négociation du pouvoir, de l'autonomie et de la résistance. De plus, la représentation vivante et obsédante du voyage de transformation de la protagoniste remet en question les perceptions conventionnelles du corps, incitant à contempler sa malléabilité et sa constance face aux pressions sociétales.

En entremêlant de manière complexe les thèmes de l'action, de la rébellion et de la subversion sociétale dans le cadre de la représentation corporelle, « La végétarienne » constitue une étude de cas convaincante de la chair inflexible en tant que moyen d'explorer des discours plus larges sur la dynamique du pouvoir, les contraintes sociales et l'autonomie de l'individu. La magistrale description de la métamorphose corporelle de Kang sert non seulement d'allégorie littéraire, mais aussi de testament poignant à la résistance durable de la forme humaine au milieu de paysages socioculturels tumultueux.

Actes humains : Des corps pris dans la tourmente historique

En explorant les fondements thématiques de « Actes humains » dans le corpus littéraire de Han Kang, on est confronté à la représentation viscérale de corps pris dans la tapisserie tumultueuse des bouleversements historiques. Kang navigue habilement entre le lien complexe entre corporalité personnelle et paysage sociopolitique plus large, tissant un récit qui expose la vulnérabilité brute des individus au milieu de la tourmente sociétale. Grâce à sa prose évocatrice, Kang plonge le lecteur dans les conséquences déchirantes du soulèvement de Gwangju, décrivant de manière poignante les cicatrices physiques et émotionnelles portées par les personnages.

Cette exploration plonge au confluent des luttes privées et des discordes publiques, illustrant l'empreinte profonde des traumatismes historiques sur les corps et les esprits humains. Chaque personnage devient un réceptacle à travers lequel la souffrance collective et la résilience d'une nation s'expriment avec force. Les formes contorsionnées, les membres fracturés et les monuments tachés de sang témoignent de l'esprit indomptable de la résistance et du souvenir.

Kang examine non seulement la brutalité manifeste infligée aux corps, mais aussi la violence implicite perpétuée par une société en proie au tumulte, en délimitant la relation intrinsèque entre les incarnations individuelles et le milieu sociopolitique au sens large. Dans cette optique, le corps apparaît comme un lieu de résistance, témoignant à la fois de l'agonie collective et de l'éthique durable du défi. Le portrait nuancé de Kang incite les lecteurs à se confronter aux réalités corporelles du chaos historique tout en les invitant à contempler l'héritage durable de ces expériences. La description viscérale et inébranlable de la souffrance corporelle rappelle les coûts humains profonds engendrés par les conflits politiques, faisant de « Actes humains » un testament émouvant de l'endurance de l'esprit humain dans l'adversité.

Réflexions sommaires sur la politique du corps dans la littérature

L'exploration approfondie des œuvres littéraires de Han Kang, en particulier la représentation du corps en tant que lieu de lutte, de résistance et de pouvoir, montre que ses récits servent de miroir reflétant l'interaction complexe entre les corps individuels et les forces sociopolitiques. L'aboutissement de cette analyse dévoile un commentaire profond sur la dynamique complexe de l'agence corporelle et sur la manière dont elle interagit avec des structures sociétales plus larges.

Dans le domaine plus large de la littérature, le corps a souvent été dépeint comme un vaisseau permettant de véhiculer des récits sociaux, culturels et politiques plus larges. La maîtrise de Han Kang est évidente dans sa capacité à tisser ensemble la physicalité de ses personnages avec les thèmes primordiaux de la dynamique du pouvoir et de la résilience de l'esprit humain. Chaque exemple de représentation corporelle sert de conduit à des explorations plus profondes des complexités de l'oppression, de l'expression de soi et de la défiance à l'égard des normes dominantes.

Alors que nous nous penchons sur les implications de la politique du corps dans la littérature, le portrait nuancé de Kang expose la nature multiforme des expériences corporelles et les tensions sous-jacentes découlant des contextes historiques, culturels et individuels. Son approche narrative introspective incite les lecteurs à se confronter aux réalités viscérales du traumatisme, de la résilience et de l'impact durable des histoires personnelles et collectives sur la forme humaine.

En outre, la représentation des corps dans la tapisserie littéraire de Kang revêt une dimension active de résistance ; un acte subversif qui remet en question les contraintes sociétales et les attentes normatives. Ce courant thématique sous-jacent ne met pas seulement en avant les voix marginalisées dans ses récits, mais souligne également l'influence omniprésente des structures hégémoniques sur l'autonomie individuelle et l'autoreprésentation.

L'étendue et la profondeur de l'exploration de Kang soulignent l'importance de reconnaître le domaine corporel comme un lieu de lutte pour le pouvoir, de récupération de l'agence et d'affirmation de l'identité face aux pressions extérieures. Sa prose évocatrice démonte les notions conventionnelles de souveraineté corporelle, invitant les lecteurs à s'engager dans les intersections de l'ethnicité, du genre et de la classe tout en naviguant sur le terrain complexe de la politique corporelle.

Collectivement, les idées tirées de l'œuvre de Kang constituent une contribution inestimable au discours sur la politique du corps dans la littérature. Son œuvre est un testament fondamental de la résilience indomptable du corps humain et de sa capacité inhérente à se manifester comme un paradigme de dissidence, de revendication et de subversion à travers divers paysages socioculturels.

11

Langue et mémoire

L'élaboration d'une prose poétique

Le langage comme vecteur de mémoire

Han Kang est passée maître dans l'art d'utiliser le langage comme vecteur de mémoire dans ses récits. À travers une prose complexe et évocatrice, elle tisse un lien entre le passé et le présent, créant une tapisserie de mémoire qui résonne profondément chez les lecteurs. Dans son exploration du langage, Kang montre comment les mots peuvent transcender le temps et l'espace, agissant comme des canaux pour la préservation et la résurrection des souvenirs personnels et collectifs. En explorant les nuances de l'expression linguistique, elle révèle le pouvoir émotionnel inhérent à chaque mot soigneusement choisi, qui résonne avec les expériences et les émotions du lecteur.

L'interaction entre le langage et la mémoire dans les œuvres de Kang souligne continuellement le pouvoir de la narration en tant que moyen de confronter et de se réconcilier avec le passé. Sa prose poétique sert de pont entre l'immédiateté palpable des souvenirs viscéraux et la nature éphémère de l'existence humaine ; elle invite les lecteurs à participer à un voyage commun de la mémoire. Grâce à sa maîtrise du langage, Kang invite les lecteurs à s'immerger dans un monde où la mémoire n'est pas seulement un événement confiné au passé, mais un dialogue permanent qui façonne et informe le moment présent. La langue devient le canal par lequel la mémoire respire, prenant vie dans les pages de ses romans.

En parcourant la prose de Kang, les lecteurs sont transportés dans le labyrinthe de la mémoire, où les mots deviennent des dépositaires vivants de l'expérience humaine, portant le poids de l'histoire et des émotions. En maniant habilement le langage comme un outil pour évoquer la mémoire, Kang oblige les lecteurs à affronter la complexité de leurs propres souvenirs et de la conscience collective au sens large. Ce faisant, elle réaffirme la pertinence durable du langage dans la préservation de la richesse de la mémoire humaine, en inscrivant des empreintes indélébiles dans le tissu de l'expression littéraire.

Les subtilités de la prose poétique : un aperçu

Incarnation de l'éloquence et de la résonance émotionnelle, la prose poétique témoigne des prouesses littéraires de Han Kang. Dans le cadre de sa narration, chaque phrase, chaque paragraphe est méticuleusement peaufiné pour évoquer des images profondes, des réflexions philosophiques et des révélations poignantes. L'habileté de Kang à insuffler une profondeur extraordinaire à des mots ordinaires favorise une expérience de lecture transformatrice qui transcende la simple narration. Au cœur de cette complexité se trouve la fusion de la précision linguistique et du pouvoir évocateur, où chaque mot sert de coup de pinceau sur la toile de la mémoire et de l'émotion. L'interaction nuancée entre la forme et le contenu orchestre une symphonie de sensations qui envoûte le lecteur, l'entraînant dans la riche tapisserie de son récit.

Cette fusion délibérée de la poésie et de la prose invite les lecteurs à habiter l'espace liminal entre l'art et la littérature, repoussant les limites de l'expression conventionnelle. Grâce à sa maîtrise magistrale de la langue, Kang tisse une cadence envoûtante qui résonne longtemps après que le dernier page a été tournée. Chaque phrase devient un réceptacle qui porte le poids de la mémoire collective et de l'expérience individuelle, entremêlant le passé et le présent et projetant les échos de l'existence humaine sur la toile vierge de l'interprétation.

S'enfonçant plus profondément dans les domaines de la présentation esthétique, sa prose se déploie comme une entité vivante, manœuvrant dans les couloirs de la conscience pour réveiller des émotions endormies et des souvenirs enfouis. Le rythme et la cadence de ses phrases imitent le flux et le reflux de la vie elle-même, insufflant de la vitalité aux paysages introspectifs qu'elle construit habilement. De plus, l'utilisation judicieuse de la métaphore et du langage symbolique sert de portail, transcendant le domaine physique pour éclairer la nature transcendante de l'existence humaine. En démêlant les subtilités de la prose poétique, les lecteurs sont invités à entrer en communion intime avec l'héritage durable de la mémoire et du langage, les fondements éternels de notre humanité commune.

L'interaction entre le langage et l'émotion dans l'œuvre de Han Kang

Dans le répertoire littéraire de Han Kang, l'interaction entre le langage et l'émotion apparaît comme un lien profond et complexe qui trouve un écho chez ses lecteurs. Grâce à sa maîtrise parfaite de la langue, Kang traduit habilement des émotions complexes, souvent issues de traumatismes et d'une identité culturelle, en une prose évocatrice qui transcende les barrières linguistiques. La profondeur émotionnelle dépeinte dans ses œuvres n'est pas simplement le produit du contenu narratif, mais plutôt le résultat des outils linguistiques qu'elle utilise, qui tissent de manière complexe des nuances émotionnelles dans le tissu même de son écriture.

La capacité de Kang à imprégner son langage d'émotions palpables est ancrée dans sa compréhension aiguë de la relation intrinsèque entre les mots et les sentiments. Sa dextérité dans l'utilisation de la langue lui permet de transmettre des nuances subtiles d'émotion, qui permettent aux lecteurs de ressentir viscéralement la crudité des sentiments humains. Dans ses récits, le langage fonctionne comme un vecteur d'empathie, forgeant un lien émotionnel entre le lecteur et les personnages, suscitant finalement une profonde contemplation de la condition humaine.

De plus, l'exploration par Kang des paysages émotionnels individuels et collectifs à travers le langage dissèque les complexités de l'expérience humaine, en particulier en ce qui concerne la mémoire et les traumatismes. En se plongeant dans l'interaction complexe entre le langage et la mémoire, elle dévoile le pouvoir transformateur des mots pour capturer la profondeur du souvenir émotionnel. À travers sa prose poétique, Kang explore la mémoire, l'imprégnant de nuances de mélancolie, de nostalgie et de résilience, éclairant ainsi l'empreinte indélébile de l'émotion sur la conscience individuelle et collective.

La résonance émotionnelle inhérente au langage de Kang va au-delà de la simple expression ; elle sert de prisme de réflexion qui reflète la nature multiforme de l'émotion humaine. Sa finesse linguistique lui permet d'évoquer des émotions universelles tout en préservant délicatement les spécificités culturelles, établissant ainsi un pont entre les expériences individuelles et des univers émotionnels plus vastes. Cette intersection du langage et de l'émotion dans l'œuvre de Kang engendre un dialogue profond sur la psyché humaine, suscitant une introspection qui résonne au-delà des frontières culturelles et linguistiques.

Mémoire et identité culturelle : exploration des couches linguistiques

Riche d'une profondeur historique et culturelle, l'œuvre littéraire de Han Kang tisse de manière complexe la tapisserie de la mémoire et de l'identité à travers l'exploration des couches linguistiques. L'interaction entre la langue et la mémoire sert de puissant vecteur pour transmettre les expériences nuancées des personnages et leur interconnexion avec le milieu culturel dans lequel ils vivent. En tant qu'écrivaine sud-coréenne, Kang exploite sa profonde compréhension de la langue pour naviguer dans les royaumes éthérés de la mémoire, et insuffle à ses récits un reflet poignant de la conscience sociétale et individuelle.

L'exploration des couches linguistiques de Kang plonge profondément dans la relation complexe entre la mémoire et l'identité culturelle. En incorporant à la fois la langue coréenne et ses traductions en anglais dans son travail, elle reflète la nature multiforme de l'articulation culturelle et personnelle. Cette utilisation intentionnelle de la langue souligne non seulement le lien intrinsèque entre la mémoire et le contexte culturel, mais sert également à préserver et à élucider l'essence du patrimoine traditionnel coréen dans un cadre contemporain.

De plus, l'utilisation méticuleuse des strates linguistiques par Kang évoque un sentiment d'universalité dans ses récits tout en résumant l'essence de l'identité culturelle coréenne. Grâce à l'habile entrelacement des éléments linguistiques, elle forge un paysage narratif qui transcende les frontières linguistiques, invitant les lecteurs de divers horizons à s'engager dans le cœur émotionnel et thématique de ses histoires. Ce faisant, Kang élargit le discours sur la mémoire et l'identité culturelle, prônant une compréhension collective qui dépasse les disparités linguistiques et plonge dans le réservoir commun de l'expérience humaine.

L'entrelacement des couches linguistiques dans la prose de Kang invite à une introspection plus profonde dans les complexités de la mémoire et de l'identité culturelle, mettant en lumière l'interdépendance de la langue et du patrimoine. Sa manipulation habile des nuances linguistiques témoigne de manière évocatrice de l'influence durable des structures linguistiques héritées sur la construction des souvenirs personnels et collectifs, montrant ainsi comment ces souvenirs sont intrinsèquement liés aux subtilités culturelles. En d'autres termes, en exprimant non seulement la nature malléable de la mémoire, mais aussi le lien inextricable entre les nuances de la langue et la préservation du patrimoine culturel, Han Kang se lance dans un voyage transformateur qui résonne avec les échos de l'histoire, de la tradition et des empreintes indélébiles de la langue.

En substance, en démêlant les facettes multidimensionnelles des couches linguistiques dans le contexte de la mémoire et de l'identité culturelle, Han Kang se lance dans un voyage transformateur qui résonne avec les échos de l'histoire, de la tradition et des empreintes indélébiles de la langue. Son œuvre littéraire témoigne de l'héritage durable des mots en tant que vecteurs de mémoire ; un moyen par lequel les contours de l'identité culturelle sont gravés sur la toile du temps.

Techniques de l'imagerie et du symbolisme dans la construction narrative

L'imagerie et le symbolisme sont des outils puissants dans le répertoire d'un écrivain, et Han Kang les utilise avec maestria pour imprégner ses récits de riches couches de sens. Dans l'élaboration de sa prose évocatrice, Kang manipule l'imagerie pour créer des expériences sensorielles pour le lecteur, invoquant des images mentales vives qui résonnent longtemps après que les pages ont été tournées.

Le symbolisme, quant à lui, confère à ses récits une signification plus profonde en établissant souvent des parallèles entre des éléments tangibles et des concepts abstraits. Qu'il s'agisse du motif récurrent d'une couleur particulière ou du déploiement subtil de motifs, Kang investit son récit d'un symbolisme nuancé qui invite les lecteurs à plonger sous la surface et à découvrir les thèmes et les émotions sous-jacents.

Dans « La végétarienne», l'utilisation d'images grotesques et surréalistes sert de canal pour dépeindre les tourments intérieurs et les désirs inavoués du protagoniste. Kang exploite habilement le pouvoir des images troublantes et viscérales pour transmettre le déchirement psychologique du personnage, tout en remettant en question les normes et les attentes de la société.

De plus, l'incorporation habile d'éléments symboliques par Kang renforce la résonance thématique de ses récits. Les cheveux blancs dans « Le livre blanc » symbolisent la pureté et le chagrin, servant de leitmotiv qui traverse le texte, tissant une tapisserie poignante de perte et de souvenir.

En utilisant des motifs d'imagerie et de symbolisme interconnectés, Han Kang crée des récits qui transcendent le littéral et entraînent les lecteurs dans des royaumes où chaque mot est chargé de multiples interprétations. En entrelaçant méticuleusement ces techniques, l'auteur invite les lecteurs à participer à une expérience littéraire immersive et multidimensionnelle qui persiste dans l'esprit longtemps après la fermeture du livre.

Les figures de style enrichissent l'expérience textuelle

Les procédés littéraires jouent un rôle essentiel dans l'amélioration de l'expérience textuelle des lecteurs, favorisant une compréhension et une appréciation plus profondes du récit. Dans le monde fascinant de la création littéraire de Han Kang, ces procédés ajoutent des couches de complexité et de nuance à la narration, l'élevant au-delà des mots sur une page. L'allégorie en est un exemple : elle consiste à représenter des idées et des concepts abstraits par des personnages, des événements ou d'autres éléments du récit. Cette technique permet des interprétations multidimensionnelles, invitant les lecteurs à se plonger dans les significations sous-jacentes et les subtilités thématiques. En outre, le langage métaphorique imprègne la prose d'images vives, engageant les sens et les émotions du lecteur tout en transmettant des idées profondes.

L'utilisation magistrale des métaphores par Kang crée une atmosphère palpable, évoquant de puissantes expériences sensorielles qui résonnent longtemps après la fin de l'ouvrage. L'interaction entre le littéral et le figuratif enrichit la trame narrative, lui conférant profondeur et signification. L'ironie est un autre procédé littéraire important, habilement utilisé par Kang pour souligner les contradictions et les ambiguïtés du récit. Elle permet de remettre en question les perceptions conventionnelles et de provoquer la réflexion, incitant les lecteurs à examiner d'un œil critique les complexités des expériences humaines et des dynamiques sociétales. De plus, l'utilisation de l'anticipation captive le public, créant de l'attente et de l'intrigue au fur et à mesure que l'histoire se déroule. Kang plante habilement des indices et des prémonitions subtils, ajoutant un élément de suspense et approfondissant la tension narrative.

En outre, l'utilisation stratégique de motifs et de symboles récurrents crée un fil conducteur tout au long du texte, établissant des liens et des thèmes généraux qui se répercutent à travers les pages. Ces motifs servent de points d'ancrage, guidant les lecteurs à travers le réseau complexe d'éléments narratifs, tout en soulignant les messages sous-jacents et la résonance émotionnelle. Enfin, l'utilisation d'éléments allégoriques enrichit la narration, offrant un moyen d'explorer des questions philosophiques et existentielles profondes. L'intégration subtile de l'allégorie permet l'introspection et la contemplation, invitant les lecteurs à réfléchir à des vérités plus larges et à des expériences humaines universelles. Collectivement, ces procédés littéraires tissent une trame narrative captivante, invitant les lecteurs à se lancer dans un voyage transformateur de découverte, d'empathie et d'introspection.

Structure narrative et changements temporels : la maîtrise du temps

Pour créer un récit captivant, il faut non seulement maîtriser le langage, mais aussi manipuler délibérément le temps dans l'histoire. La maîtrise magistrale de Han Kang de la structure narrative et des changements temporels souligne son approche nuancée de la narration. En tissant stratégiquement des éléments du passé, du présent et du futur, Kang crée une riche tapisserie qui plonge les lecteurs dans les subtilités du temps. L'interaction entre les différentes couches temporelles permet une exploration multidimensionnelle des personnages, des développements de l'intrigue et des courants thématiques sous-jacents.

L'un des aspects clés de la structure narrative est la manière dont les changements temporels sont utilisés pour révéler des informations cruciales et susciter des résonances émotionnelles. Kang utilise les flashbacks et les présages pour donner un aperçu des motivations des personnages, résoudre des mystères et imprégner le récit d'un sentiment de tension et d'anticipation. Ces changements permettent au lecteur de mieux comprendre les complexités de l'expérience humaine, ainsi que les répercussions des événements passés sur les circonstances présentes.

De plus, la manipulation du temps sert de dispositif métaphorique, permettant à Kang d'imprégner sa prose de couches de sens. En passant d'un plan temporel à l'autre, elle reflète la nature fragmentée de la mémoire et de la conscience humaines. Cette technique enrichit non seulement la narration, mais incite également les lecteurs à réfléchir à la fluidité du temps et à son impact sur la perception et l'interprétation individuelles.

Outre ses implications thématiques, la création délibérée de décalages temporels contribue au rythme général et à la cadence du récit. Le placement stratégique de ces décalages par Kang crée un flux dynamique qui fait avancer l'histoire tout en introduisant des moments d'introspection et de contemplation. Les allers-retours du temps dans le récit reflètent les flux et reflux de la vie elle-même, soulignant les vérités profondes ancrées dans le texte.

De plus, l'orchestration minutieuse des changements temporels permet à Kang de subvertir les récits linéaires traditionnels, invitant les lecteurs à se plonger dans les subtilités de la narration non linéaire. Cette approche non conventionnelle remet en question les perceptions conventionnelles du temps et invite à explorer l'interdépendance du passé, du présent et du futur. Les lecteurs acquièrent ainsi une compréhension plus globale des expériences des personnages et de la résonance thématique globale de l'œuvre.

En substance, la maîtrise de Kang de la structure narrative et des changements temporels élève sa prose à un niveau où le temps devient une construction malléable, s'intégrant parfaitement dans le tissu de son récit. Sa manipulation délibérée du temps témoigne de son talent d'artisan littéraire, invitant les lecteurs à se lancer dans un voyage fascinant à travers les paysages en constante évolution de la mémoire, de l'expérience et de l'existence humaine.

Syntaxe et rythme : la musicalité de la prose

Dans l'élaboration de la prose littéraire, l'orchestration de la syntaxe et du débit rythmique jette les bases d'une expérience de lecture profondément immersive. La maîtrise de Han Kang réside non seulement dans la narration, mais aussi dans la manipulation intentionnelle du langage pour susciter des réactions émotionnelles chez son public. L'agencement des structures de phrases, le flux et le reflux de la ponctuation ainsi que la cadence délibérée des mots contribuent à la musicalité de sa prose.

La manipulation de la longueur et de la structure des phrases permet à Kang de créer un rythme qui reflète les battements émotionnels de ses récits. Les phrases courtes et saccadées accélèrent le rythme et créent ainsi tension et urgence, tandis que les phrases plus longues et fluides créent de la profondeur et de la réflexion. Cette variation stratégique de la syntaxe imite l'ascension et la chute des mélodies, entraînant les lecteurs dans une symphonie d'émotions.

De plus, l'interaction entre les éléments linguistiques et les motifs rythmiques améliore l'expérience sensorielle de la lecture des œuvres de Kang. La tension est obtenue grâce à des pauses et des interruptions soigneusement placées, qui guident le souffle et le rythme cardiaque du lecteur tout au long du récit. En outre, le choix et la disposition judicieux des mots créent un équilibre harmonieux, semblable aux notes soigneusement orchestrées d'une composition musicale.

La musicalité de la prose de Kang s'étend également à l'utilisation de la répétition et du refrain, semblables au refrain d'une chanson. Grâce à la réitération stratégique de certaines phrases ou de certains motifs, Kang crée une qualité lyrique qui résonne chez les lecteurs, faisant écho dans leur esprit longtemps après que la dernière page a été tournée. Cet écho délibéré sert à amplifier le poids thématique de ses récits, renforçant les émotions et les concepts clés tout au long du texte.

De plus, l'utilisation par Kang de ponctuation symbolique, comme les tirets, les points de suspension et les tirets longs, fonctionne comme des crescendos, des decrescendos et des silences, ajoutant une couche supplémentaire à la composition rythmique de sa prose. Le placement habile de ces signes de ponctuation contribue aux changements de tempo et de ton, façonnant l'ambiance et l'atmosphère générales du récit.

En plongeant ses lecteurs dans la musicalité de sa prose, Han Kang crée une symphonie complexe de langage et d'émotion, élevant l'acte de lecture à une expérience multisensorielle qui transcende la simple transmission de l'intrigue et des personnages. Sa prose devient une entité vivante et respirante, palpitant au rythme des émotions humaines et des échos de la mémoire, invitant les lecteurs à s'immerger pleinement dans la riche tapisserie de son récit.

L'engagement du lecteur grâce à des ambiguïtés délibérées

Les ambiguïtés délibérées dans la littérature sont un outil puissant pour susciter l'engagement du lecteur, le forçant à interpréter et à contempler activement le récit. Han Kang utilise stratégiquement l'ambiguïté dans toutes ses œuvres, invitant les lecteurs à participer à la co-création du sens. L'utilisation délibérée d'un langage ambigu transcende un simple acte de décodage cognitif ; elle favorise un profond sentiment d'engagement et d'investissement dans le texte.

L'ambiguïté dans le récit peut se manifester sous diverses formes, telles que des conclusions ouvertes, un symbolisme à plusieurs niveaux ou des motivations énigmatiques des personnages. Cette opacité intentionnelle incite les lecteurs à se débattre avec de multiples interprétations, les mettant au défi d'explorer différents points de vue et perspectives. Grâce à ce processus, les lecteurs sont encouragés à explorer les subtilités du texte, favorisant ainsi un lien intellectuel et émotionnel plus profond.

En embrassant l'ambiguïté, Kang s'abstient efficacement d'imposer des vérités définitives à son public, respectant ainsi sa capacité de discernement individuel. Une telle approche permet aux lecteurs de participer activement au processus de création de sens, encourageant ainsi des perspectives diverses et des expériences subjectives. De plus, les ambiguïtés délibérées invitent les lecteurs à rester engagés au-delà des limites du texte, provoquant une réflexion et une discussion continues.

Elles insufflent également un sentiment de mystère et de séduction dans la prose de Kang. Les éléments non résolus du récit intriguent les lecteurs, qui sont ainsi incités à réfléchir aux nuances et aux implications potentielles du texte. Ce processus non seulement maintient l'intérêt du lecteur, mais cultive également une fascination durable pour l'œuvre littéraire.

L'utilisation habile par Han Kang d'ambiguïtés délibérées suscite un esprit d'exploration et de découverte chez ses lecteurs. En explorant le labyrinthe des significations nuancées, ils sont amenés à exercer leurs facultés d'interprétation, ce qui favorise un sentiment d'autonomisation intellectuelle et d'appropriation du récit. Cet engagement transcende l'acte de lecture ; il se transforme en une expérience profondément immersive et réflexive, dans laquelle les lecteurs deviennent des collaborateurs actifs dans la définition de la signification du texte.

En substance, les ambiguïtés délibérées représentent une invitation lancée par Han Kang, qui invite les lecteurs à se lancer dans un voyage riche et aux multiples facettes à travers ses paysages littéraires. C'est à travers ce voyage que les lecteurs vivent une rencontre transformatrice avec le texte, émergeant non seulement en tant que consommateurs passifs, mais aussi en tant que participants avisés dans la construction du sens.

Conclusion : l'héritage de la maîtrise linguistique dans l'écriture de Han Kang

En conclusion, l'héritage de la maîtrise linguistique dans l'écriture de Han Kang est profond et d'une grande portée. Grâce à ses ambiguïtés délibérées,

Kang s'est imposée comme une maître de la nuance et de la sophistication linguistiques, laissant une marque indélébile sur la littérature contemporaine. Sa manipulation habile de la langue témoigne de la puissance et de la flexibilité des mots pour transmettre des émotions et des expériences complexes.

La capacité inégalée de Kang à captiver les lecteurs par des ambiguïtés délibérées facilite non seulement une expérience de lecture immersive, mais souligne également la complexité de la pensée et du comportement humains. En naviguant à la frontière de la clarté et de l'obscurité, Kang incite son public à participer activement au processus d'interprétation, favorisant un engagement dynamique qui transcende les limites de la narration traditionnelle. Cet héritage linguistique raffiné trouve un écho profond, enrichissant le paysage littéraire grâce à son style narratif non conventionnel, mais évocateur.

De plus, la maîtrise linguistique de Kang va au-delà d'une simple prouesse technique ; elle incarne une compréhension profonde de la mémoire, de l'émotion et de l'identité culturelle. Grâce à sa manipulation habile de la prose, Kang tisse délicatement des fils d'histoire personnelle et collective, invitant les lecteurs dans un royaume où la langue sert de canal à des expériences intangibles et à des vérités non dites. Cette maîtrise linguistique profonde confère à l'écriture de Kang une qualité intemporelle, qui permet à ses œuvres de transcender les frontières temporelles et spatiales, et de résonner auprès de publics et de générations divers.

L'héritage de la maîtrise linguistique dans l'écriture de Kang se manifeste également sous la forme d'une imagerie riche, d'un symbolisme et d'une résonance thématique. Son déploiement méticuleux des procédés littéraires et des structures narratives crée un jeu symphonique de mots, évoquant des réponses sensorielles et émotionnelles qui persistent dans l'esprit des lecteurs longtemps après la dernière page. Cet héritage propulse son écriture au-delà du simple récit, l'élevant au royaume de l'expérience viscérale et sensorielle qui transcende les contraintes du langage lui-même.

En substance, l'héritage de la maîtrise linguistique dans l'écriture de Han Kang témoigne de la puissance durable du langage pour façonner notre compréhension du monde et de nous-mêmes. À travers ses ambiguïtés délibérées et sa prose nuancée, Kang démontre la capacité de la littérature à transcender les barrières linguistiques, les divisions sociétales et les contraintes temporelles, laissant une empreinte indélébile dans le cœur et l'esprit de ses lecteurs. Alors que son héritage littéraire continue de se déployer, il nous rappelle sans cesse les possibilités infinies inhérentes à l'art de raconter des histoires et le potentiel transformateur du langage.

12

La contribution de Kang à la renaissance littéraire sud-coréenne

Contextualisation de la renaissance littéraire sud-coréenne

La renaissance littéraire sud-coréenne marque une période charnière dans l'histoire culturelle de la nation, caractérisée par un essor sans précédent de l'expression artistique et de l'innovation littéraire. Ce phénomène remarquable est le résultat d'une confluence de divers facteurs qui ont convergé pour façonner et propulser le paysage littéraire sud-coréen dans une nouvelle ère de créativité et d'introspection. Au cœur de cette renaissance se trouve la transformation sociopolitique et économique qu'a connue la

Corée du Sud dans la seconde moitié du XXe siècle, passant des séquelles de la guerre à une société moderne florissante.

La liberté d'expression retrouvée et l'adoption des idéaux démocratiques après une période de régime autoritaire ont fourni un terrain fertile aux écrivains pour aborder des sujets auparavant interdits ou tabous. De plus, le réveil d'une conscience nationale, associé au désir de se réapproprier et de redéfinir l'identité coréenne dans un contexte de mondialisation rapide, a incité les écrivains à rechercher des voix et des récits authentiques, contribuant ainsi à la richesse et à la diversité de la littérature sud-coréenne. Cette renaissance a également suscité un intérêt croissant pour le mélange des techniques narratives traditionnelles coréennes et des formes littéraires modernes, créant une fusion unique qui a capturé à la fois l'essence du passé et l'urgence du présent.

À mesure que le paysage littéraire sud-coréen s'est développé et diversifié, des auteurs prolifiques ont émergé, captivant le public local et international par leur compréhension des complexités de la société coréenne contemporaine et de l'expérience humaine universelle. Au cœur de cette résurgence littéraire se trouve l'exploration et la réinterprétation des événements historiques, de la dynamique sociale et des nuances culturelles, qui mettent en lumière les subtilités de l'expérience coréenne tout en faisant écho à des thèmes mondiaux. Cette évolution de la littérature sud-coréenne a non seulement reflété le parcours de la nation, mais a également contribué au dialogue mondial sur l'identité, la mémoire et la résilience humaine. Ainsi, la contextualisation de la Renaissance littéraire sud-coréenne révèle son lien profond avec les transformations historiques, sociales et culturelles, illustrant comment ces interactions complexes ont alimenté un réveil littéraire qui continue de captiver et d'inspirer les lecteurs du monde entier.

Rencontre entre modernisme et tradition : un paradigme en mutation

Dans le paysage littéraire sud-coréen, nous assistons à une rencontre fascinante entre modernisme et tradition, qui a donné lieu à un changement de paradigme redéfinissant la scène littéraire. Cette rencontre de forces disparates mais interconnectées a engendré un discours dynamique qui transcende les frontières temporelles, résonnant à travers les âges tout en embrassant les sensibilités contemporaines. La collision et la fusion du modernisme et de la tradition forment le creuset d'où émerge la riche tapisserie de la littérature sud-coréenne, favorisant un milieu culturel où l'innovation et le patrimoine fusionnent.

Au cœur de ce changement de paradigme se trouve la tension entre les courants progressistes et les coutumes établies, qui résume les complexités et les contradictions inhérentes à la transformation de la société. Les influences modernistes, qui mettent l'accent sur l'expérience individuelle, l'angoisse existentielle et les récits fragmentés, se sont entremêlées aux techniques narratives traditionnelles, profondément ancrées dans les traditions historiques, la mémoire collective et la sagesse indigène. Grâce à cette fusion, la littérature sud-coréenne subit une métamorphose, à l'aube d'une réinvention et d'un renouveau.

La contribution de Han Kang témoigne notamment de cette évolution, naviguant habilement entre les complexités du modernisme et les trésors de la tradition. Ses œuvres illustrent une danse complexe entre formes avant-gardistes et thèmes intemporels, démontrant une conscience aiguë de l'évolution de l'expression littéraire. De plus, en imprégnant ses récits des échos de la tradition tout en embrassant la dissonance de la conscience contemporaine, Kang propulse le lecteur dans un royaume où les frontières du temps et de l'espace se dissolvent, permettant un engagement holistique avec l'essence de la culture coréenne et au-delà. Ainsi, la convergence du modernisme et de la tradition annonce une renaissance de la littérature sud-coréenne, traçant une voie qui entrelace l'ancien et le nouveau, le familier et l'inconnu, et le connu et l'inexploré. C'est dans cet espace liminal que s'épanouissent les efforts littéraires de Han Kang, incarnant l'esprit d'un paradigme en mutation et offrant une lentille à travers laquelle percevoir la nature multiforme de l'évolution culturelle.

La voix unique de Han Kang dans la littérature contemporaine

L'influence de Han Kang sur la littérature contemporaine est indéniable. Elle redéfinit les frontières de la narration et remet en question les normes littéraires conventionnelles. Sa voix unique résonne avec profondeur et nuance, et la distingue en tant que pionnière dans le domaine de la littérature coréenne moderne. Au cœur de la singularité de Han Kang réside sa capacité à fusionner le personnel et le social, en entrelaçant des récits intimes avec des questions sociétales plus larges. Cette fusion crée une tapisserie narrative à la fois profondément personnelle et universellement pertinente, une caractéristique qui distingue son œuvre dans le paysage littéraire contemporain. De plus, l'exploration par Han Kang de la psyché et des émotions humaines, qui plonge souvent dans les complexités brutes de l'expérience humaine, imprègne son écriture d'une résonance émotionnelle qui captive les lecteurs, favorisant un lien empathique profond. Son attention méticuleuse à l'authenticité psychologique et à la profondeur émotionnelle contribue à sa vision artistique singulière, enrichissant son œuvre d'un sens inégalé de l'intimité et de la force émotionnelle.

L'interrogation persistante de Han Kang sur les dilemmes existentiels et les questions philosophiques, englobant des thèmes tels que l'identité, le traumatisme et la mémoire, souligne encore davantage son acuité à plonger dans les complexités de la condition humaine. De plus, sa représentation de personnages aux prises avec des tourments intérieurs et des pressions extérieures reflète une compréhension aiguë de la lutte humaine, ce qui a un impact profond et durable sur le paysage littéraire.

Par ailleurs, l'engagement de Kang dans les techniques narratives d'avant-garde et les formes expérimentales témoigne d'une volonté sans faille de repousser les limites de la narration, en revigorant l'art de la fiction par des approches innovantes et une inventivité stylistique. Sa volonté d'expérimenter avec la forme défie non seulement les structures littéraires traditionnelles, mais engendre également une expérience littéraire nouvelle et dynamique qui remet en question les idées préconçues des lecteurs et élargit les possibilités d'expression narrative. En fin de compte, la voix unique de Han Kang témoigne de son influence transformatrice sur la littérature contemporaine, repoussant les limites de l'art et de l'imagination tout en forgeant un héritage profond et durable dans le paysage littéraire mondial.

Les structures narratives innovantes dans les œuvres de Kang

La prouesse littéraire de Han Kang va au-delà de la profondeur thématique de son œuvre ; elle est également profondément ancrée dans les structures narratives innovantes qu'elle utilise. Les architectures narratives de l'œuvre de Kang servent de canaux intégrés pour plonger dans les recoins les plus intimes de la psyché de ses personnages et de leurs environnements extérieurs, permettant aux lecteurs de démêler les couches complexes de sens et d'émotion de ses récits.

Dans La végétarienne , Kang utilise astucieusement une approche narrative fragmentée, employant les perspectives de plusieurs personnages pour offrir une représentation kaléidoscopique de la descente du protagoniste dans la rébellion contre les normes sociétales. Cette structure fragmentée reflète non seulement la désintégration du monde du protagoniste, mais remet également en question la narration conventionnelle, invitant les lecteurs à rassembler les voix et les points de vue disparates pour discerner une compréhension plus complète et plus complexe du récit.

De même, dans Actes humains, Kang entremêle magistralement plusieurs lignes de temps et perspectives, créant une riche tapisserie qui capture de manière saisissante les expériences déchirantes du soulèvement de Gwangju et son impact durable. En manœuvrant habilement entre le passé et le présent, Kang construit un récit immersif et stratifié qui confronte le traumatisme historique et la souffrance individuelle avec une clarté poignante.

Dans Le livre blanc, Kang s'aventure en territoire expérimental en élaborant un récit lyrique et associatif qui explore les thèmes de la perte, du deuil et du pouvoir évocateur du blanc. Chaque fragment de prose est un petit bijou narratif, relié par des nuances de blanc, pour une expérience de lecture transcendante qui mêle harmonieusement poésie et prose.

La capacité de Kang à subvertir les formes narratives traditionnelles et à insuffler à son œuvre des structures non conventionnelles est déterminante dans sa capacité à impliquer les lecteurs à plusieurs niveaux : intellectuel, émotionnel et esthétique. Ses récits évitent la linéarité en adoptant des techniques narratives non linéaires, multiperspectives et polyphoniques qui amplifient l'impact de ses histoires et invitent les lecteurs à participer activement à la construction du sens et de l'interprétation.

En fin de compte, les structures narratives innovantes de Kang illustrent non seulement son audace artistique et sa sophistication narrative, mais soulignent également son engagement à repousser les limites de la narration, à réinventer les formes familières et à nourrir un paysage littéraire qui se nourrit d'expérimentation créative et d'imagination sans limites.

Audace thématique : des récits culturels changeants

L'œuvre littéraire de Han Kang examine avec audace des thèmes qui remettent en question les récits culturels traditionnels, inaugurant une nouvelle ère de discours au sein de la société sud-coréenne. Ses œuvres explorent des constructions sociétales complexes telles que le patriarcat, les normes sociétales et les expériences souvent passées sous silence des personnes marginalisées. À travers son exploration narrative, Kang propose un examen audacieux de l'impact de la tradition sur la vie contemporaine et de la tension qui en résulte entre l'ancien et le nouveau. En intégrant ces thèmes dans son récit, elle remet en question le statu quo et invite les lecteurs à porter un regard critique sur les récits culturels dominants.

Cette audace thématique sert de catalyseur pour redéfinir les conversations sociétales, ouvrant la voie à des discussions nuancées sur les rôles de genre, les dynamiques de pouvoir et l'expérience humaine dans un monde en évolution rapide. Son engagement sans faille à remettre en question les tabous et les normes culturelles fait d'elle une pionnière dans le paysage littéraire sud-coréen.

À travers ses récits qui invitent à la réflexion, elle ouvre des espaces de dialogue et d'introspection, encourageant les lecteurs à réévaluer des croyances et des perceptions établies de longue date. De plus, sa volonté d'aborder ces thèmes avec nuance et sensibilité témoigne d'une compréhension astucieuse des complexités inhérentes aux structures sociétales. En conséquence, l'œuvre de Kang transcende la simple narration ; elle devient un miroir reflétant l'air du temps de la Corée moderne et au-delà. L'audace thématique de ses récits souligne son impact profond sur la formation des récits culturels et la promotion d'un changement sociétal significatif, consolidant ainsi sa position de voix transformatrice au sein de la littérature contemporaine.

Contribution au discours sur le genre dans la société coréenne

Sa contribution au discours sur le genre dans la société coréenne est profonde, car ses œuvres littéraires explorent en profondeur les complexités de la dynamique des genres et des attentes sociétales. À travers une narration introspective et une exploration thématique subtile mais percutante, Kang met en lumière les défis multiformes auxquels sont confrontées les femmes dans la société sud-coréenne. Sa représentation nuancée de personnages féminins confrontés à des questions telles que les rôles traditionnels des hommes et des femmes, le patriarcat et les contraintes sociétales offre une perspective à travers laquelle les lecteurs peuvent réfléchir à ces constructions culturelles et sociales importantes et s'y intéresser. En décrivant les subtilités des expériences des femmes, Kang sert de catalyseur à des conversations significatives sur l'égalité des sexes et l'autonomisation dans la société coréenne.

L'écriture de Kang explore habilement les intersections du genre, de la classe sociale et de la culture, offrant ainsi une riche mosaïque de perspectives qui trouvent un écho profond chez les lecteurs. Son exploration astucieuse de la psyché féminine et de l'impact des normes sociétales sur l'action personnelle ouvre la voie à un dialogue critique et à une réflexion sur le statut des femmes dans la Corée contemporaine. De plus, l'approche sans faille de Kang pour dépeindre les défis et les triomphes des femmes dans différents domaines de la vie incite les lecteurs à réexaminer les récits dominants sur le genre et à plaider en faveur de l'inclusion et de l'équité.

En abordant les thèmes de la résilience, de l'action et de l'identité, Han Kang amplifie les voix des femmes dont les histoires sont peut-être restées inédites, contribuant ainsi à un discours plus inclusif et plus éclairé sur le genre dans la société coréenne. Ses récits offrent une plateforme pour une compréhension empathique et une profonde empathie, facilitant un changement dans les perceptions et les attitudes sociétales envers les femmes. Enfin, l'œuvre de Kang invite les lecteurs à contempler la nature évolutive de la dynamique des genres et les intersections entre tradition et modernité, encourageant un examen critique des stéréotypes et des préjugés enracinés. Ce faisant, elle encourage un dialogue progressiste qui envisage un environnement plus égalitaire et plus solidaire pour les individus de tous les genres.

Grâce à ses prouesses littéraires exceptionnelles, Han Kang contribue de manière significative à remodeler le discours sur le genre dans la société coréenne, en encourageant la réflexion, l'empathie ainsi que la défense de l'autonomisation et de l'autonomie des femmes. Ses récits déconstruisent non seulement les normes sociétales dominantes, mais célèbrent également la diversité et la résilience des femmes. Ils créent un paysage narratif qui trouve un écho auprès des lecteurs du monde entier et fait progresser la cause de l'égalité des sexes et de la justice sociale.

La traduction et son rôle dans la portée mondiale de Han Kang

Le rôle de la traduction dans la diffusion mondiale des œuvres littéraires de Han Kang ne saurait être surestimé. En tant qu'auteure écrivant en coréen, sa capacité à toucher des lecteurs du monde entier dépend fortement des compétences et de la sensibilité des traducteurs. Le processus de traduction de la prose de Kang implique non seulement une conversion linguistique, mais aussi une navigation habile entre les nuances culturelles et les subtilités littéraires. Les traducteurs jouent un rôle essentiel en veillant à ce que les thèmes, les émotions et la pertinence contextuelle ancrés dans les récits de Kang soient efficacement transmis aux lecteurs issus de divers horizons culturels. Grâce à leur interprétation et à leur transcréation expertes, les traducteurs servent de relais à la vision littéraire de Kang pour transcender les barrières linguistiques et trouver un écho auprès d'un public mondial.

Il est crucial de reconnaître l'impact profond de la traduction sur la réception et l'interprétation de l'œuvre de Kang en dehors de la Corée du Sud. Chaque version traduite de son œuvre représente en effet une négociation complexe entre la préservation de l'intégrité du texte original et son adaptation pour qu'il résonne avec la sensibilité des lecteurs de la langue cible. En outre, les traducteurs ont pour tâche de saisir les particularités de la prose de Kang, telles que son phrasé poétique et son lyrisme contemplatif, et de les rendre avec finesse dans leurs langues respectives. Cela exige non seulement une maîtrise linguistique, mais aussi une compréhension approfondie des cultures source et cible, faisant de la traduction une forme d'art en soi.

Par ailleurs, le succès international de Han Kang est intrinsèquement lié au talent de ses traducteurs, qui ont joué un rôle central dans la diffusion de ses œuvres auprès d'un public mondial. Les éloges et la reconnaissance dont Kang a fait l'objet, notamment le prestigieux prix international Man Booker pour « La végétarienne», soulignent la contribution indispensable des traducteurs compétents pour combler le fossé entre les différents paysages littéraires. En négociant efficacement les complexités de la communication interculturelle, les traducteurs ont permis aux récits littéraires de Kang de transcender les frontières géographiques, affirmant ainsi la pertinence universelle de ses histoires.

En substance, la traduction des œuvres de Han Kang va bien au-delà d'un simple exercice linguistique ; elle incarne l'intersection de l'art, de la médiation culturelle et de la défense de la littérature. Alors que Kang continue de captiver les lecteurs du monde entier, le rôle des traducteurs reste primordial pour perpétuer son impact sur la scène littéraire mondiale, enrichir davantage le dialogue interculturel et favoriser une meilleure compréhension de la littérature coréenne.

Son influence sur les écrivains sud-coréens émergents

L'influence de Han Kang sur le paysage littéraire sud-coréen va au-delà de sa renommée et de sa reconnaissance individuelles. Ses techniques narratives innovantes, son exploration sans faille des thèmes sociétaux et son succès mondial ont établi une référence à laquelle aspirent les écrivains sud-coréens émergents. Grâce à ses récits captivants et à son approche audacieuse de l'expression littéraire, Kang a inspiré une nouvelle génération d'écrivains cherchant à aborder des sujets complexes et à remettre en question les conventions littéraires traditionnelles. L'influence profonde de l'œuvre de Kang sur les écrivains sud-coréens émergents est évidente dans la diversité croissante des thèmes, des styles et des perspectives de la littérature coréenne contemporaine.

En explorant divers genres et thèmes, ces écrivains rendent non seulement hommage à l'esprit pionnier de Kang, mais ils redéfinissent également l'identité de la littérature sud-coréenne sur la scène mondiale. De plus, les distinctions internationales reçues par Kang et la traduction de ses œuvres ont propulsé la littérature coréenne sur la scène mondiale, encourageant les écrivains en herbe à embrasser leur héritage culturel tout en contribuant au discours mondial. Cette adhésion à l'identité culturelle dans un contexte de mondialisation reflète la propre prouesse narrative de Kang, favorisant ainsi une riche mosaïque de voix au sein de la littérature coréenne. L'émergence de ces nouvelles voix reflète un paysage littéraire en pleine évolution, sensible aux réalités sociopolitiques contemporaines, qui remet en question le statu quo et redéfinit les frontières de l'expression littéraire coréenne.

Par ailleurs, le succès de Kang est un signe d'espoir pour les écrivains en herbe, car il démontre qu'il est possible de toucher des publics divers dans le monde entier avec des récits nuancés et introspectifs ancrés dans la culture coréenne. En défendant des voix authentiques et une narration fervente, les écrivains sud-coréens émergents contribuent à une renaissance de la littérature coréenne qui non seulement honore la tradition, mais embrasse également l'innovation et l'inclusivité. En conséquence, l'héritage de l'influence littéraire de Han Kang continue de façonner la trajectoire de la littérature sud-coréenne, ouvrant de nouvelles perspectives aux futures générations d'écrivains pour explorer et redéfinir l'essence de l'identité littéraire coréenne.

Réception critique en Corée du Sud

L'impact de Han Kang sur le paysage littéraire sud-coréen ne peut être surestimé, et ses œuvres ont été examinées de près et critiquées par des universitaires, des critiques et des lecteurs de son pays d'origine. L'accueil critique de ses romans en Corée du Sud a été multiforme, reflétant les complexités de la société coréenne contemporaine et l'évolution de son discours littéraire. Écrivain qui aborde sans crainte les thèmes du traumatisme, de la violence et de l'expérience humaine, Han Kang a suscité de nombreuses discussions et analyses dans les cercles littéraires sud-coréens. Si sa renommée mondiale a sans aucun doute rehaussé son statut, l'accueil qui lui a été réservé en Corée du Sud offre une perspective différente sur sa contribution au canon littéraire national. Ses efforts littéraires ont suscité une profonde introspection et un débat au sein de la communauté littéraire sud-coréenne, remettant en question les normes établies et enrichissant le dialogue culturel.

Les critiques et les universitaires ont rigoureusement étudié ses œuvres, disséquant les subtilités de ses techniques narratives, ses explorations thématiques et ses fondements philosophiques. La réception de ses romans a cependant été controversée, car ses représentations sans faille des tabous sociétaux et des atrocités historiques ont suscité des débats et des discussions polarisantes sur la représentation de l'identité et de l'histoire coréennes dans la littérature. Par ailleurs, la capacité de Han Kang à créer une prose profonde et émouvante, qui résonne avec la sensibilité coréenne, lui a valu à la fois des admirateurs fervents et des critiques perspicaces. Son exploration de la dynamique des genres, des traumatismes et de la psyché humaine a remis en question les conventions littéraires traditionnelles et favorisé une réévaluation des paradigmes littéraires dominants en Corée du Sud.

L'accueil critique en Corée du Sud souligne l'importance de l'œuvre littéraire de Han Kang dans le remodelage du paysage littéraire national et la promotion de la littérature coréenne sur la scène mondiale. Malgré la diversité des réactions suscitées par ses œuvres, celles-ci ont indéniablement laissé une marque indélébile sur la scène littéraire sud-coréenne, en ouvrant de nouvelles voies à l'innovation narrative et à l'introspection culturelle.

La place de Kang dans le canon littéraire mondial

L'impact de l'œuvre de Han Kang s'étend bien au-delà des frontières de la Corée du Sud, la hissant au rang d'auteur incontournable du canon littéraire mondial. Cette réussite s'explique par les thèmes transcendants explorés dans ses œuvres, qui abordent des expériences humaines universelles, lesquelles trouvent un écho auprès des lecteurs du monde entier. Grâce à sa capacité à démêler des paysages émotionnels complexes avec brio grâce à sa maîtrise de la langue et de la narration, Kang s'est imposée comme une figure de proue sur la scène mondiale. Ses romans ont été salués par la critique et ont été largement traduits, attirant ainsi un public international diversifié.

13

Développer l'empathie par la littérature

La narration éthique de Kang

L'empathie comme cadre : le rôle de la littérature dans les relations humaines

La littérature est depuis longtemps célébrée comme une force unificatrice qui transcende les frontières géographiques, culturelles et temporelles. Grâce à la construction artistique de récits, les auteurs ont la capacité remarquable d'inviter les lecteurs dans des mondes divers et souvent inconnus, favorisant l'empathie et la compréhension à travers un éventail d'expériences. Dans le contexte du style narratif de Han Kang, ce concept prend une résonance particulière, car ses œuvres confrontent constamment des impératifs moraux complexes et des émotions humaines universelles. En explorant les subtilités de la psychologie humaine et de la dynamique sociétale, Kang tisse une riche tapisserie d'empathie, invitant les lecteurs à s'engager auprès de personnages dont les luttes et les triomphes résonnent à un niveau profondément personnel. Ce cadrage intentionnel de l'empathie témoigne de l'impact profond de la littérature sur la création de liens et sur la combler des fossés.

En explorant le style narratif de Kang, il devient évident que la littérature ne sert pas seulement à divertir et à éduquer, mais aussi à encourager les lecteurs à reconnaître une humanité commune malgré des circonstances différentes. À travers la contemplation des dilemmes éthiques et des complexités émotionnelles dans les domaines de ses récits, les lecteurs sont amenés à réfléchir à leurs propres perceptions et préjugés, élargissant ainsi leur capacité de compréhension empathique. De plus, la représentation habile par Kang de divers personnages et de leurs relations aux multiples facettes souligne le potentiel transformateur de la littérature pour faire tomber les barrières et favoriser l'inclusion.

Le rôle de la littérature en tant que vecteur d'empathie s'étend également au-delà du lecteur individuel, servant de catalyseur à des conversations significatives et à une introspection collective dans des contextes sociétaux plus larges. En s'engageant dans le style narratif de Kang, les lecteurs sont amenés à reconnaître l'interdépendance des expériences humaines, renforçant ainsi l'importance de la compassion et de la tolérance pour relever les défis mondiaux. En fin de compte, l'impact profond de la littérature sur le développement de l'empathie témoigne puissamment de sa pertinence durable pour renforcer les liens humains et promouvoir un monde plus compatissant.

Comprendre les impératifs moraux dans le style narratif de Kang

Le style narratif de Han Kang transcende la narration traditionnelle en englobant un impératif moral profondément ancré, subtilement tissé dans le tissu de ses œuvres littéraires. Le fondement éthique de son écriture est intimement lié à la notion d'empathie, car elle s'efforce constamment de mettre en lumière la vie intérieure de ses personnages avec une compassion et une compréhension sans faille. À travers ses récits finement ciselés, Kang met activement les lecteurs au défi de faire face à des dilemmes moraux, à des injustices sociétales et à l'introspection personnelle. Sa prose se caractérise par un profond engagement en faveur d'une narration éthique qui reflète les complexités de l'expérience humaine.

Le style narratif de Kang est axé sur l'exploration des conséquences morales et l'interaction complexe entre les choix et leurs répercussions. Elle présente habilement des personnages confrontés à des dilemmes éthiques, obligeant les lecteurs à réfléchir aux nuances de la moralité et à l'impact des actions individuelles. En plongeant dans les profondeurs des paysages émotionnels de ses personnages, Kang comble de manière transparente le fossé entre les constructions fictives et les implications du monde réel. Cela incite les lecteurs à s'engager de manière critique dans des décisions éthiques et leurs implications plus larges.

Son style narratif sert également de plateforme pour amplifier les perspectives marginalisées, favorisant ainsi une compréhension plus globale des questions sociétales et des considérations éthiques. À travers le prisme de ses personnages, Kang explore les complexités des interactions humaines, des dynamiques de pouvoir et des cadres moraux sous-jacents qui régissent les relations interpersonnelles. Cette approche multidimensionnelle permet aux lecteurs de s'identifier à des expériences diverses et de se confronter aux nuances de l'ambiguïté éthique.

De plus, le style narratif de Kang incarne une exploration nuancée des impératifs moraux dans le contexte de la société sud-coréenne, offrant un aperçu approfondi des normes culturelles, des héritages historiques et des défis contemporains. Son attention méticuleuse aux détails et au contexte historique souligne les dimensions éthiques de sa narration, enrichissant la compréhension du lecteur du paysage moral qui façonne les trajectoires de ses personnages.

En embrassant la complexité des impératifs moraux, le style narratif de Kang transcende le didactisme, invitant les lecteurs à naviguer dans les subtilités de la prise de décision éthique à travers les yeux de ses protagonistes. Son œuvre littéraire résonne d'un engagement durable en faveur d'une narration éthique, qui met les lecteurs au défi de se débattre avec des dilemmes moraux aux multiples facettes et cultive un sens plus profond de l'empathie et de l'introspection.

Études de cas tirées de La végétarienne: regards compatissants

Dans « La végétarienne», Han Kang explore les complexités de l'expérience humaine à travers une série de récits interconnectés qui offrent un regard compatissant sur la vie d'individus ordinaires aux prises avec des défis internes et externes. À travers les personnages de Yeong-hye, M. Cheong et In-hye, Kang dépeint la fragilité du bien-être mental et les pressions sociétales qui peuvent restreindre la liberté d'action personnelle.

L'étude du personnage de Yeong-hye se déroule comme une exploration poignante de la tourmente intérieure et des conséquences de la résistance aux normes sociétales. En décrivant la décision de Yeong-hye de rejeter la consommation de viande comme un acte symbolique de réappropriation de son corps, Kang met en lumière les intersections entre la santé mentale, les attentes culturelles et l'individualité. Cette étude de cas invite les lecteurs à comprendre les luttes intérieures de Yeong-hye et à réévaluer leur propre perception de la non-conformité et du bien-être mental.

De plus, l'arc narratif impliquant M. Cheong représente de manière frappante la domination patriarcale et ses répercussions sur la dynamique familiale. Kang met en évidence avec tact les dimensions éthiques du pouvoir et du contrôle, incitant les lecteurs à examiner de manière critique les déséquilibres systémiques qui perpétuent la marginalisation et la privation de droits au sein des relations interpersonnelles. Grâce à cette étude de cas, les lecteurs sont encouragés à participer à des discussions nuancées sur les rôles de genre, l'action et les responsabilités éthiques inhérentes à la gestion d'une dynamique familiale complexe.

Par ailleurs, le parcours du personnage d'In-hye offre un aperçu profondément émouvant de la résilience et de la capacité durable à faire preuve de compassion face à l'adversité. À travers l'engagement inébranlable d'In-hye à prendre soin de sa sœur et à préserver les liens familiaux, Kang met en lumière le potentiel transformateur de l'empathie et du soutien indéfectible. Cette étude de cas souligne non seulement les implications profondes des liens empathiques, mais encourage également les lecteurs à réfléchir aux impératifs éthiques de la parenté, de la compassion et de la solidarité communautaire.

Les récits soigneusement construits dans « La végétarienne » constituent des études de cas convaincantes qui invitent les lecteurs à se confronter à des dilemmes éthiques multiformes, à affronter les tabous sociétaux et à cultiver une empathie plus profonde pour les subtilités des expériences humaines. En examinant ces perspectives compatissantes, les lecteurs sont propulsés dans une exploration stimulante de l'éthique, de l'empathie et de la résonance durable des prouesses littéraires de Han Kang.

Briser le silence : amplifier les voix marginalisées

Dans cette section, nous nous plongeons dans la profonde dimension éthique de la narration de Han Kang en examinant son approche de l'amplification des voix marginalisées. Grâce à ses prouesses littéraires, Kang met en valeur les expériences d'individus qui ont été historiquement réduits au silence ou négligés, rendant ainsi leurs récits visibles et convaincants. En dépeignant avec sensibilité les luttes et les triomphes de personnages marginalisés, Kang jongle avec habileté entre les responsabilités de représentation et de défense.

La capacité de Kang à percer l'apathie sociétale et à donner la parole aux opprimés est puissamment illustrée dans sa représentation de personnages aux prises avec la marginalisation sociale, les traumatismes psychologiques ou l'aliénation culturelle. À travers des études de personnages complexes, elle souligne la dignité humaine et la résilience de ceux dont les histoires ont été reléguées à la périphérie, invitant les lecteurs à compatir à leurs luttes et à reconnaître leur humanité.

De plus, cet engagement éthique à amplifier les voix marginalisées va au-delà des représentations individuelles des personnages. Kang utilise habilement sa toile narrative pour mettre en lumière des injustices systémiques et des structures de pouvoir plus larges. Qu'il s'agisse d'inégalités entre les sexes, de disparités de classe ou d'injustices historiques, Kang navigue avec nuance dans des paysages sociopolitiques complexes, attirant l'attention sur le silence omniprésent de certains groupes au sein de la société.

Par son dévouement inébranlable à repousser les limites de l'empathie, Kang oblige les lecteurs à affronter des vérités dérangeantes et à réévaluer leur propre position au sein des hiérarchies sociétales. Elle les met au défi d'écouter attentivement ces voix marginalisées, les exhortant à devenir des participants actifs dans la réécriture des récits et le remodelage de la conscience collective.

En fin de compte, la narration éthique de Han Kang sert de catalyseur à la prise de conscience sociale et à la défense des droits, démontrant l'immense impact que la littérature peut avoir pour démanteler les préjugés enracinés et favoriser un dialogue inclusif. Ses récits sont des rappels poignants de l'impératif moral d'amplifier les voix marginalisées et de démanteler les barrières systémiques à la compréhension et à l'empathie.

Le développement du caractère en tant qu'exercice éthique

Le développement du caractère est un aspect essentiel de la littérature, offrant aux lecteurs une fenêtre sur les dilemmes éthiques et les complexités de la nature humaine. Dans les œuvres de Han Kang, les personnages sont méticuleusement élaborés avec des émotions nuancées et des subtilités qui incitent les lecteurs à se confronter à leur propre boussole morale et à faire preuve d'empathie envers des expériences diverses. Cette mise en forme délibérée des personnages sert d'exercice éthique, remettant en question les idées préconçues et favorisant une compréhension plus profonde de la nature multiforme de l'humanité. À travers sa représentation évocatrice des personnages, Kang invite les lecteurs à explorer les méandres du comportement humain, suscitant l'introspection et la compassion.

Dans « La végétarienne», par exemple, la transformation de la protagoniste Yeong-hye est représentée comme un voyage à travers la santé mentale, l'action individuelle et les attentes sociétales. La représentation habile par Kang de la tourmente intérieure de Yeong-hye et des pressions extérieures incite les lecteurs à réfléchir aux implications éthiques de la maladie mentale, de l'autonomie personnelle et de la stigmatisation sociétale de la non-conformité. Cette profondeur émotionnelle et psychologique oblige les lecteurs à se confronter à leurs propres préjugés et à reconsidérer leurs points de vue sur la santé mentale, la liberté d'action et la conformité sociale. En outre, l'évolution des autres personnages dans les récits de Kang incite également les lecteurs à compatir à leurs difficultés, leurs échecs et leurs triomphes, ce qui amplifie l'empathie et favorise une vision du monde plus inclusive.

En se plongeant dans les récits, les lecteurs se livrent à une réflexion éthique, explorant les complexités de la psyché humaine et se confrontant aux dilemmes éthiques posés par les choix et les circonstances des personnages. Les personnages de Kang servent de vecteurs d'exploration éthique, incitant les lecteurs à réexaminer les normes sociétales, les dynamiques de pouvoir et l'impact des histoires personnelles sur les actions des individus. En tissant des arcs narratifs complexes, Kang offre aux lecteurs une plateforme pour cultiver l'empathie, la pensée critique et une conscience accrue des dimensions éthiques de l'existence humaine.

L'exercice profond d'éthique incarné dans le développement des personnages s'étend au-delà du domaine de la fiction, favorisant une culture de l'empathie, de la compréhension et de l'engagement consciencieux face aux enjeux du monde réel. En s'engageant dans les parcours transformateurs des personnages de Kang, les lecteurs se remémorent les vulnérabilités et les complexités communes à l'expérience humaine. Cette reconnaissance, à son tour, instille un sens de la responsabilité éthique envers l'acceptation de la diversité, la défense des voix marginalisées et la promotion d'une société plus compatissante. En fin de compte, le développement des personnages dans les œuvres de Kang transcende la construction littéraire, servant de catalyseur à l'introspection éthique et renforçant le pouvoir transformateur de la narration pour façonner un monde plus empathique et éthique.

Le parcours du lecteur : engagement émotionnel et réflexion

Un aspect essentiel de la narration éthique réside dans la capacité à impliquer les lecteurs sur le plan émotionnel, en favorisant un lien profond qui transcende les pages d'un livre. Les constructions narratives magistrales et la représentation nuancée des personnages de Han Kang permettent aux lecteurs de se lancer dans un voyage transformateur, suscitant des réponses émotionnelles complexes et souvent introspectives. L'interaction entre les expériences du lecteur et le monde fictif créé par Kang le propulse vers des moments de profonde réflexion, d'empathie et de catharsis.

En parcourant les paysages complexes des œuvres littéraires de Kang, les lecteurs rencontrent des personnages dont les vulnérabilités et les conflits intérieurs font écho à des expériences humaines universelles. En plongeant dans les émotions brutes et sans fard de ces personnages, les lecteurs sont amenés à examiner leurs propres systèmes de croyances, leurs préjugés et leurs idées préconçues. Ce processus d'introspection nourrit non seulement la compréhension empathique, mais encourage également l'autoréflexion critique, poussant les individus à affronter leurs propres dilemmes éthiques et complexités morales.

De plus, le voyage du lecteur va au-delà d'un simple engagement émotionnel, pour évoluer vers une exploration méditative des constructions sociétales et des dynamiques culturelles. La représentation habile par Kang de questions sociales poignantes invite les lecteurs à affronter des vérités inconfortables, amplifiant la prise de conscience et mettant à nu les subtilités de la condition humaine. Grâce à cet engagement intime avec le texte, les lecteurs sont chargés de discerner l'interdépendance des récits personnels avec des contextes sociopolitiques plus larges, favorisant un sens accru de la responsabilité sociale et de la conscience éthique.

Cette expérience immersive instille en fin de compte une nouvelle capacité d'engagement empathique chez les lecteurs, transcendant les domaines de la fiction et imprégnant les interactions du monde réel. En sortant du paysage narratif peint par Kang, les lecteurs emportent avec eux une compréhension enrichie de l'empathie, caractérisée par une empathie mise en pratique, une écoute empathique et une sensibilité éclairée aux diverses perspectives. Cet éveil de la conscience empathique témoigne du potentiel transformateur de la narration éthique, qui met en lumière le rôle puissant que joue la littérature dans la formation de sociétés inclusives et compatissantes.

En substance, « Le voyage du lecteur : engagement émotionnel et réflexion » résume la relation symbiotique entre la littérature et l'empathie, démontrant comment les récits indélébiles de Han Kang deviennent des vecteurs de réflexion émotionnelle et éthique. À travers des récits chargés d'émotion et une riche tapisserie de dilemmes moraux, les lecteurs sont invités à se lancer dans un profond voyage de découverte de soi et d'évolution empathique, inaugurant une nouvelle ère de lecture consciencieuse et d'empathie sociétale.

Dilemmes éthiques : utiliser la fiction pour aborder des questions sociales complexes

Les récits fictifs servent souvent de véhicule pour aborder des questions sociales complexes, présentant des dilemmes éthiques qui remettent en question les perspectives du lecteur. Han Kang utilise habilement la fiction comme un outil pour approfondir des questions sociétales controversées, en utilisant ses personnages et leurs expériences pour démêler des dilemmes moraux complexes. En confrontant ces dilemmes éthiques au sein d'un paysage littéraire, Kang encourage les lecteurs à se débattre avec des questions aux multiples facettes d'une manière qui transcende le discours traditionnel.

L'utilisation par Kang de scénarios fictifs reflète des situations difficiles du monde réel, incitant les lecteurs à considérer les implications des actions et des décisions dans un contexte sociétal plus large. À travers les conflits internes et les interactions externes de ses personnages, elle met en lumière des équilibres moraux délicats, invitant les lecteurs à explorer les complexités du comportement humain et des normes sociales. En tissant habilement des épreuves éthiques dans sa tapisserie narrative, Kang établit une plateforme d'introspection et d'évaluation critique qui transcende l'intrigue immédiate et résonne avec les lecteurs à un niveau profond.

De plus, l'approche de Kang en matière de narration éthique va au-delà de la simple présentation de dilemmes ; elle intègre des couches nuancées de critique et de réflexion sociétales. À travers les rencontres de ses personnages, elle dévoile les répercussions profondes des choix individuels et collectifs, mettant en lumière l'interaction entre l'éthique personnelle et les structures sociétales. Cette intrication de considérations éthiques aux niveaux micro et macro favorise une riche tapisserie de contemplation, encourageant les lecteurs à se confronter à la nature multidimensionnelle de la prise de décision morale.

De plus, les dilemmes éthiques de Kang transcendent les frontières culturelles, offrant une perspective universelle à travers laquelle les lecteurs peuvent s'engager et réfléchir à divers défis sociétaux. La résonance émotionnelle et psychologique de ses récits incite les lecteurs à transcender leurs propres limites culturelles, favorisant l'empathie et la compréhension au-delà des divisions socioculturelles. En utilisant la fiction pour déconstruire et naviguer dans les énigmes éthiques, Kang offre non seulement des histoires captivantes, mais il crée également un espace de dialogue interculturel, élargissant les possibilités de dialogue et d'engagement empathiques.

En substance, la manière magistrale dont Han Kang aborde les dilemmes éthiques à travers la fiction incarne le potentiel transformateur de la littérature pour façonner la conscience éthique. Ses récits dévoilent les subtilités des questions sociales, encourageant les lecteurs à examiner de manière critique et à réfléchir à la structure éthique de la société. À mesure que les lecteurs s'engagent dans les paysages éthiques qu'elle présente, ils acquièrent de nouvelles perspectives et une sensibilité accrue aux complexités de l'existence humaine. À travers ses récits éthiques, Han Kang renforce le lien entre la fiction et la réflexion sociétale, élevant la littérature au rang d'outil indispensable pour naviguer dans le labyrinthe de la moralité humaine et de la conscience sociale.

Au-delà des pages : l'influence de la littérature sur l'empathie culturelle

La littérature est depuis longtemps reconnue comme un puissant vecteur d'empathie et de compréhension culturelles. Elle sert de pont entre des mondes disparates, permettant aux lecteurs de s'immerger dans des expériences, des histoires et des perspectives diverses. Grâce à l'utilisation habile du langage et de la narration, la littérature a la capacité d'élargir les esprits, d'évoquer des émotions et de susciter des conversations qui transcendent les frontières. La construction méticuleuse des récits de Han Kang illustre cette influence transformatrice, car ses œuvres invitent les lecteurs à s'engager dans la trame complexe des expériences humaines et des dynamiques sociétales.

L'un des aspects fascinants de l'impact de la littérature sur l'empathie culturelle réside dans sa capacité à transporter les lecteurs vers des paysages inconnus et à leur faire découvrir des personnages aux origines variées. En présentant des portraits nuancés d'individus naviguant dans les méandres de l'identité, de la tradition et des structures sociales, la littérature favorise une appréciation plus profonde de la riche diversité qui existe au sein de notre communauté mondiale. L'exploration approfondie de la société sud-coréenne par Han Kang, dans des contextes à la fois historiques et contemporains, offre une perspective éclairante à travers laquelle les lecteurs peuvent contempler les thèmes universels de l'amour, de la perte, de la résilience et de l'aspiration, des thèmes qui résonnent à travers les cultures et les époques.

De plus, la littérature ne cultive pas seulement l'empathie envers des cultures spécifiques, mais aussi la sensibilité envers des questions sociétales plus larges. En racontant des histoires qui confrontent la discrimination, l'inégalité et l'injustice, des auteurs comme Han Kang incitent les lecteurs à affronter des vérités dérangeantes et à considérer les implications de ces réalités à l'échelle mondiale. Par conséquent, la littérature devient un catalyseur d'introspection collective et inspire des efforts significatifs pour favoriser une plus grande inclusion et compassion.

Dans le monde interconnecté d'aujourd'hui, l'influence de la littérature sur l'empathie culturelle s'étend au-delà des lecteurs individuels pour façonner les attitudes communautaires et les discours sociétaux. Lorsque les histoires sont partagées et discutées, elles ont le potentiel de remettre en question les préjugés profondément ancrés, de démanteler les stéréotypes et de cultiver une compréhension plus nuancée des diverses communautés. Cet échange de récits constitue un instrument essentiel pour renforcer la solidarité entre des personnes d'origines culturelles différentes, encourager un dialogue respectueux et promouvoir des initiatives de collaboration qui répondent aux défis interculturels.

Il est donc évident que l'impact de la littérature sur l'empathie culturelle transcende les limites de la page, englobant le domaine des expériences vécues et des transformations sociétales. La narration magistrale de Han Kang incarne la pertinence durable de la littérature en tant que vecteur d'empathie, renforçant le rôle vital des écrivains en tant que créateurs de compassion, défenseurs de la compréhension et architectes d'un monde plus empathique.

Techniques littéraires pour améliorer la compréhension empathique

Dans sa quête d'une meilleure compréhension empathique à travers la littérature, Han Kang utilise une myriade de techniques littéraires qui trouvent un écho chez les lecteurs à un niveau profondément émotionnel. Grâce à l'utilisation habile de détails sensoriels, les récits de Kang transportent les lecteurs dans les sphères viscérales des expériences de ses personnages, leur permettant d'habiter et de ressentir diverses perspectives. En tissant des couches complexes de symbolisme et de métaphore dans ses récits, Kang capture les complexités des émotions et de la cognition humaines, invitant les lecteurs à explorer les contours nuancés de l'empathie. De plus, Kang utilise habilement la technique du changement de point de vue, qui permet aux lecteurs de s'impliquer dans les mondes intérieurs et les motivations de plusieurs personnages, favorisant ainsi une compréhension globale de leurs circonstances et de leurs émotions.

Cette approche multidimensionnelle incite les lecteurs à reconnaître l'humanité commune qui sous-tend des expériences diverses, nourrissant ainsi un profond sentiment d'empathie et d'interdépendance. De plus, l'intégration magistrale par Han Kang du dialogue et du monologue intérieur construit des conversations authentiques qui reflètent les subtilités de l'interaction humaine, insufflant aux lecteurs un profond sentiment de résonance et de compréhension. En utilisant ces techniques littéraires, Han Kang élève la capacité de la littérature à servir de puissant vecteur pour améliorer la compréhension empathique, transcender les frontières culturelles et cultiver un langage universel de compassion et d'empathie.

La vision de Han Kang : un avenir de narration éthique

En réfléchissant à l'avenir de la narration éthique, Han Kang apparaît comme une pionnière dans la refonte du paysage littéraire. Sa vision transcende les conventions des structures narratives traditionnelles, exhortant les écrivains et les lecteurs à adopter l'empathie comme élément fondamental de la narration. Selon elle, la narration éthique implique un engagement profond à représenter l'expérience humaine authentique, même au milieu des défis et de l'inconfort. Elle envisage un avenir où la littérature deviendrait un moyen de favoriser la compréhension, la compassion et un sentiment plus profond d'interdépendance entre les différentes cultures et sociétés.

Au cœur de la vision de Kang se trouve l'impératif pour les écrivains de naviguer avec sensibilité dans les dilemmes éthiques tout en façonnant des récits qui font écho à des vérités universelles. En exploitant le pouvoir du langage et de la narration, Kang vise à cultiver une conscience collective qui transcende les perspectives individuelles, mettant en lumière l'humanité commune qui nous unit tous. Ce changement de paradigme vers une narration éthique est sous-tendu par la conviction de Kang que la littérature a le potentiel de transformer la société en servant de catalyseur à l'introspection et au changement. En embrassant l'ambiguïté et les représentations multidimensionnelles des dilemmes moraux, Kang cherche à susciter le dialogue et à enflammer l'imagination morale collective. Elle défend l'idée que la littérature ne doit pas se contenter de refléter l'humanité, mais aussi la défier et l'inspirer, en obligeant les individus à affronter les injustices sociétales et les énigmes éthiques avec une sensibilité et une responsabilité accrues.

Par ailleurs, Kang prône l'abandon des récits didactiques, soulignant l'importance d'inviter les lecteurs à s'engager activement dans l'ambiguïté et la complexité éthique. Sa vision englobe un échange dynamique entre l'écrivain et le lecteur, dans lequel les frontières entre le domaine fictif et la réalité s'estompent, encourageant l'introspection et l'autoréflexion critique. Enfin, Kang souligne le rôle central de la littérature pour amplifier les voix réduites au silence et engendrer des récits qui honorent les expériences des communautés marginalisées. Cela nécessite une conscience éthique élevée qui transcende les barrières culturelles et les contextes historiques, appelant les auteurs à aborder la narration comme un moyen de guérison et d'autonomisation collectives. En substance, la vision de Kang pour l'avenir de la narration éthique nous invite à réimaginer la littérature comme une force puissante pour nourrir l'empathie, démanteler les préjugés et construire une communauté mondiale plus inclusive et moralement plus en phase.

14

La mécanique de la fiction psychologique et allégorique

Introduction à la fiction psychologique et allégorique

La fiction psychologique et allégorique constitue un substrat essentiel de l'expression littéraire. Elle explore les profondeurs de la conscience humaine tout en codant des couches de signification symbolique. Ces genres émanent d'une riche tapisserie historique, avec des œuvres précurseurs qui remontent aux mythes et au folklore anciens, et qui ont connu une résonance particulière pendant les périodes de bouleversements artistiques et culturels.

La fiction psychologique plonge en premier lieu dans les méandres de l'esprit humain et explore les motivations, les émotions et les conflits internes des personnages. Ce genre évite souvent les récits traditionnels axés sur l'intrigue au profit d'une introspection profonde et d'un réalisme psychologique. En revanche, la fiction allégorique utilise la représentation symbolique pour transmettre des vérités universelles ou des leçons de morale. Grâce à l'allégorie, les auteurs peuvent intégrer des messages profonds dans leurs récits, permettant aux lecteurs d'en extraire plusieurs niveaux d'interprétation.

Les racines de la fiction psychologique peuvent être retracées à travers des œuvres phares telles que Crime et châtiment de Fiodor Dostoïevski et Mrs Dalloway de Virginia Woolf, où les états psychologiques des protagonistes servent de pivot autour duquel se déroule le récit. La fiction allégorique, en revanche, a été répandue dans les fables, les paraboles et les textes religieux à travers différentes cultures, servant de vecteurs à la narration métaphorique.

Le XXe siècle a connu un regain d'intérêt marqué pour ces genres, avec des auteurs tels que Franz Kafka, George Orwell et Gabriel García Márquez qui ont utilisé l'allégorie et le surréalisme pour éclairer des questions sociopolitiques. En outre, les œuvres d'écrivains contemporains, dont Han Kang, ont prolongé cette tradition, exploitant des éléments psychologiques et allégoriques pour sonder les profondeurs de l'expérience humaine et des structures sociétales.

Cette synthèse de la psychologie et de l'allégorie permet aux lecteurs de s'engager dans des récits à plusieurs niveaux, du plus personnel au plus symbolique, qui les invitent à l'introspection et à la contemplation. Cette section vise à établir les fondements théoriques de ces genres, en élucidant les méthodologies nuancées par lesquelles les auteurs imprègnent leur prose d'une profondeur psychologique et d'une résonance allégorique.

La caractérisation : le paysage intérieur

Dans la fiction psychologique et allégorique, la caractérisation joue un rôle central pour plonger les lecteurs dans les mondes intérieurs des protagonistes, et leur permettre de comprendre sous de multiples facettes la complexité et les motivations des personnages. Dans les chefs-d'œuvre littéraires de Han Kang, la caractérisation est méticuleusement élaborée pour évoquer une profonde résonance émotionnelle et psychologique. Alors que les lecteurs voyagent à travers les paysages narratifs, Kang décompose habilement ses personnages, plongeant dans les tapisseries complexes de leurs pensées, de leurs émotions et de leurs désirs inconscients.

La représentation des personnages va au-delà des simples attributs physiques ; elle englobe une exploration approfondie de leurs luttes internes, de leurs conflits et de l'évolution de leur psychisme. Kang utilise habilement des monologues introspectifs, des gestes subtils et des interactions nuancées pour décrire les profonds bouleversements intérieurs et les transformations vécus par ses personnages. Le dialogue intérieur du protagoniste sert de fenêtre sur ses dilemmes existentiels, ses peurs et ses aspirations, créant un lien intime entre le lecteur et l'esprit du personnage.

De plus, l'utilisation habile par Kang de l'imagerie et des détails sensoriels enrichit encore le processus de caractérisation, offrant aux lecteurs un aperçu saisissant des paysages émotionnels des personnages. Grâce à la représentation méticuleuse des expériences sensorielles et des filtres perceptifs des personnages, Kang dresse un portrait riche et évocateur de leur monde intérieur, invitant les lecteurs à participer à leur voyage personnel de découverte de soi et de métamorphose.

Il convient de noter que l'approche de Kang en matière de caractérisation va au-delà de l'individualité ; ses personnages incarnent souvent des représentations allégoriques plus larges, servant de vecteurs à de profondes interrogations philosophiques et réflexions sociétales. En tissant les subtilités des arcs de caractère individuels avec des courants thématiques sous-jacents, Kang élève l'importance de la caractérisation, nourrissant une relation symbiotique entre le microcosme de l'individu et le macrocosme des expériences humaines universelles.

En conclusion, l'art de la caractérisation dans la fiction psychologique et allégorique de Han Kang transcende la représentation traditionnelle des personnages ; il devient une exploration révélatrice de la condition humaine, des profondeurs de la conscience et de l'inconscient collectif. La représentation magistrale du paysage intérieur par Kang favorise une expérience de lecture immersive et transformatrice, invitant les lecteurs à se lancer dans une odyssée profonde à travers les couloirs labyrinthiques de l'âme humaine.

Symbolisme et métaphore : création de couches de sens

Dans le domaine de la fiction psychologique et allégorique, le symbolisme et la métaphore sont des outils puissants qui permettent de donner de la profondeur et de la résonance aux récits. Grâce à l'utilisation stratégique de symboles et de métaphores, les auteurs peuvent communiquer des couches de sens qui transcendent le récit littéral. L'utilisation habile du symbolisme et de la métaphore par Han Kang est évidente dans ses œuvres, qui enrichissent l'expérience du lecteur et l'invitent à une contemplation plus profonde. Le symbolisme implique souvent l'utilisation d'objets, d'images ou d'actions pour représenter des idées ou des concepts abstraits. Les métaphores, quant à elles, consistent à comparer deux choses différentes de manière figurative, mettant en lumière des similitudes sous-jacentes.

Dans l'écriture de Kang, ces procédés littéraires convergent pour susciter des réponses émotionnelles et intellectuelles de la part du public, favorisant un engagement profond avec le texte. En parcourant le paysage des histoires de Kang, les lecteurs rencontrent une tapisserie de symboles et de métaphores tissés de manière transparente dans le tissu du récit. Chaque élément a une signification qui va au-delà de son existence littérale, en résonance avec des thèmes et des motifs plus larges. Qu'il s'agisse de l'imagerie récurrente des fleurs symbolisant la vie et la beauté au milieu de l'adversité, ou de l'utilisation métaphorique des conditions météorologiques pour refléter l'agitation intérieure des personnages, les choix délibérés de Kang infusent son récit de couches de sens.

De plus, la fusion du symbolisme et de la métaphore dans l'œuvre de Kang invite les lecteurs à percevoir le monde dépeint dans sa fiction sous un jour nuancé, et les encourage à déconstruire et à interpréter les messages sous-jacents et le sous-texte. C'est dans ce domaine de richesse symbolique que les lecteurs trouvent une invitation à l'introspection et à la contemplation, alors qu'ils décodent le réseau complexe de significations entrelacées dans le tissu narratif. L'utilisation délibérée de symboles et de métaphores dans l'œuvre de Kang élève également l'exploration thématique, offrant une lentille sophistiquée à travers laquelle examiner les questions existentielles, la dynamique sociétale et les subtilités de l'expérience humaine. En élaborant un symbolisme multidimensionnel et des métaphores inventives, Kang invite les lecteurs à plonger au-delà de la surface de l'histoire, dans le domaine de l'allégorie et de la recherche philosophique. En fin de compte, le déploiement astucieux du symbolisme et de la métaphore permet à Han Kang de construire des récits qui trouvent un écho profond chez les lecteurs, favorisant un impact durable et incarnant le pouvoir de la littérature à provoquer la réflexion et l'introspection.

Structure narrative : créer du suspense et de la réflexion

La structure narrative est un élément essentiel dans la création de la fiction psychologique et allégorique, car elle tisse habilement la trame du récit, guidant les lecteurs à travers un voyage fascinant et évocateur. Grâce à l'agencement stratégique des événements et des révélations, les auteurs peuvent efficacement créer du suspense, de l'intrigue et une résonance émotionnelle dans leurs récits, captivant ainsi leur public dans une expérience littéraire riche et dynamique. Dans le contexte des œuvres littéraires de Han Kang, la structure narrative est un outil puissant qui non seulement fait avancer l'intrigue, mais suscite également une réflexion profonde sur les thèmes et les motifs intégrés dans le texte.

L'un des éléments fondamentaux de la structure narrative est la disposition des événements de l'intrigue, dont la séquence peut avoir un impact profond sur l'engagement du lecteur dans l'histoire. L'introduction d'incidents déclencheurs, d'une action croissante et de points de basculement décisifs crée un sentiment d'anticipation et d'inéluctabilité, entraînant le public plus loin dans les complexités du monde narratif. Han Kang utilise habilement cette technique dans ses œuvres, en façonnant soigneusement le rythme et l'escalade des événements pour plonger les lecteurs dans les paysages émotionnels et psychologiques de ses personnages.

De plus, l'utilisation de procédés de réflexion dans la structure narrative offre des moments d'introspection et de contemplation, permettant aux lecteurs de faire une pause et d'assimiler les explorations thématiques complexes présentées dans le texte. Grâce à des techniques telles que le flashback, la préfiguration et la narration non linéaire, Han Kang invite son public à s'impliquer dans les luttes internes et les parcours de transformation des personnages, favorisant ainsi un lien profond entre le lecteur et le récit.

Parallèlement à l'élaboration du suspense, la structure narrative facilite également l'exploration du symbolisme et de la résonance métaphorique du texte. En encadrant stratégiquement les événements clés et les interactions entre les personnages, les auteurs insufflent des couches de sens et de profondeur thématique au récit, invitant les lecteurs à traverser les paysages multiformes de l'interprétation et de l'analyse. Han Kang intègre magistralement ces éléments dans son cadre narratif, établissant une interaction captivante entre l'intrigue manifeste et les courants symboliques sous-jacents qui enrichissent l'expérience de lecture.

En substance, la structure narrative dans la fiction psychologique et allégorique sert de canal à la vision artistique de l'auteur, orchestrant le flux et le reflux de la tension, de la révélation et de l'introspection. Grâce à l'agencement délibéré des événements de l'intrigue, à l'incorporation de procédés de réflexion et à l'utilisation du symbolisme, des auteurs tels que Han Kang imprègnent leurs œuvres d'une profondeur émotionnelle et d'une signification intellectuelle indélébiles, élevant l'expérience de lecture à une exploration transcendante de la psyché humaine et des domaines énigmatiques de la narration.

Les thèmes de l'identité et de la transformation

Les thèmes de l'identité et de la transformation font partie intégrante de la fiction psychologique et allégorique, servant de canaux pour explorer les complexités de l'expérience humaine. À travers le prisme de la littérature, Han Kang explore avec habileté les subtilités de l'évolution personnelle, les constructions sociétales et l'interaction entre les forces internes et externes.

Au cœur de la tapisserie narrative de Kang se trouve l'exploration profonde de l'identité : la nature multiforme de l'individualité, l'influence des contextes culturels et historiques, et les capacités de transformation inhérentes à chaque individu. Les thèmes sous-jacents résonnent profondément chez les lecteurs, qui sont invités à l'introspection et à la contemplation sur la quête universelle de la découverte de soi et de l'actualisation de soi.

Dans l'univers littéraire de Kang, le thème de la transformation se déploie à travers de multiples dimensions. Les personnages subissent de profondes métamorphoses, reflétant les vicissitudes tumultueuses de la vie, tandis que des motifs symboliques incarnent le cycle perpétuel du changement et du renouveau. Au cœur de cette exploration thématique se trouve le concept de résilience face à l'adversité, alors que les personnages naviguent entre les défis personnels et les pressions sociétales, pour finalement en ressortir transformés et redéfinis. La représentation habile de ces thèmes par Kang suscite une réflexion poignante sur la capacité humaine d'adaptation, de croissance et sur la recherche permanente d'authenticité.

De plus, l'exploration thématique de l'identité va au-delà des récits individuels, s'entremêlant avec des contextes sociaux et culturels plus larges. Kang navigue habilement dans les complexités de l'identité collective, abordant l'impact des traumatismes historiques, des bouleversements sociopolitiques et des héritages culturels sur la formation des identités individuelles et communautaires. Ces couches thématiques constituent un tableau fascinant qui permet de contempler les interconnexions complexes entre les histoires personnelles et le tissu global de la société, mettant en lumière l'interaction nuancée entre l'action, le destin et l'évolution incessante de l'identité humaine.

Au fur et à mesure que la tapisserie thématique de l'identité et de la transformation se déploie, les lecteurs sont invités à une riche contemplation de la condition humaine, naviguant dans les paysages en constante évolution de l'individualité et des expériences partagées. Les réflexions profondes de Han Kang sur ces thèmes suscitent un sentiment d'empathie et de compréhension, favorisant un engagement dynamique dans la quête éternelle de sens, de but et de réalisation de soi. À travers le prisme de l'allégorie et de la profondeur psychologique, les explorations thématiques reflètent de manière poignante la nature multiforme de l'identité humaine et la quête permanente de transformation.

Intertextualité et allusions littéraires

L'intertextualité et les allusions littéraires constituent une pierre angulaire de l'analyse littéraire, offrant aux lecteurs des couches de profondeur et de complexité à décortiquer dans un récit. Dans le contexte des œuvres de Han Kang, l'intertextualité établit des liens entre ses écrits et une tradition littéraire plus large, créant une riche tapisserie de références et d'échos qui renforcent l'engagement du lecteur. En tissant des allusions à des œuvres établies ou à des références culturelles, Kang invite son public à puiser dans le réservoir de l'expérience humaine collective, enrichissant l'expérience de lecture avec des fils entrelacés d'histoire, d'art et de mythologie.

L'exploration de l'intertextualité dans l'œuvre de Kang révèle un réseau de clins d'œil et d'hommages à diverses sources, allant de la littérature classique aux chefs-d'œuvre contemporains. À travers ces références complexes, Kang démontre son habileté à dialoguer avec le canon littéraire tout en subvertissant et en recontextualisant subtilement les motifs et les récits traditionnels. Cette interaction approfondit le sens de son écriture et offre aux lecteurs avisés la possibilité de démêler le réseau complexe d'associations qui enrichit son récit.

Les allusions littéraires, quant à elles, servent d'échos et de résonances culturelles qui se répercutent dans la prose de Kang, insufflant à ses récits des couches de signification et de résonance. Qu'elle invoque des mythes intemporels, des événements historiques ou des œuvres littéraires renommées, Kang insuffle habilement à ses écrits des dimensions allégoriques, incitant les lecteurs à contempler des vérités universelles et des thèmes éternels. Ces allusions servent de jonctions où le passé et le présent convergent, favorisant un dialogue entre différentes périodes historiques et différents contextes culturels.

De plus, l'incorporation de l'intertextualité et des allusions littéraires élève non seulement la qualité esthétique des œuvres de Kang, mais établit également un discours érudit avec ses lecteurs. Le processus d'identification, d'interprétation et de contextualisation de ces références favorise un échange intellectuel qui enrichit l'expérience de lecture, invitant les lecteurs à s'engager plus profondément avec le texte. Elles encouragent également une relation symbiotique dans laquelle les lecteurs apportent leurs propres connaissances et idées, co-créant ainsi du sens avec l'auteur.

En substance, l'intertextualité et les allusions littéraires servent de catalyseurs à une exploration multiforme de la littérature de Han Kang, facilitant les conversations sur la nature de la narration, la persistance des symboles culturels et l'universalité des expériences humaines. Par leur utilisation judicieuse, Kang invite non seulement les lecteurs à une compréhension plus profonde de ses récits, mais les incite également à contempler l'interdépendance profonde de la littérature et de la conscience humaine collective.

Profondeur psychologique : exploration de la psyché humaine

L'exploration de la profondeur psychologique dans la littérature implique de se plonger dans les rouages complexes de la psyché humaine. Dans les œuvres de Han Kang, cette exploration est particulièrement fascinante, car elle dissèque habilement les subtilités des émotions, des peurs, des désirs et des traumatismes humains avec une perspicacité et une sensibilité remarquables. À travers ses portraits de personnages vivants et ses récits évocateurs, Kang invite les lecteurs à se lancer dans un voyage profond dans les profondeurs de la psyché humaine, suscitant l'introspection et l'empathie. Un aspect clé de cette exploration est la représentation des conflits internes et de l'impact des forces extérieures sur les paysages mentaux individuels. Kang imprègne habilement ses personnages d'une complexité psychologique, transmettant efficacement la turbulence de leurs mondes intérieurs.

Cette approche nuancée permet aux lecteurs de s'identifier aux personnages à un niveau profondément émotionnel, favorisant une meilleure compréhension du comportement et des motivations humaines. De plus, Kang navigue habilement sur le terrain du traumatisme, en décrivant ses effets durables sur l'esprit et l'âme. En capturant la crudité des blessures psychologiques et les mécanismes d'adaptation et de guérison, elle met en lumière la résilience de l'esprit humain face à l'adversité. Par ailleurs, l'observation aiguë du comportement humain par Kang et les nuances finement tissées de la dynamique interpersonnelle ajoutent une riche couche de perspicacité psychologique à ses récits. Elle saisit avec brio les subtilités des relations, dévoilant l'interaction des émotions, des vulnérabilités et des luttes de pouvoir qui façonnent les interactions humaines. Cette représentation aux multiples facettes offre une fenêtre sur les complexités des relations humaines, mettant en lumière les courants psychologiques sous-jacents qui influencent nos actions et nos décisions.

Enfin, Kang plonge dans les domaines de la formation de l'identité et de la contemplation existentielle, tissant une tapisserie de thèmes existentiels qui résonnent chez les lecteurs à un niveau psychologique profond. Son exploration de la découverte de soi, de l'aliénation et de la quête de sens plonge dans les aspects fondamentaux de la condition humaine, invitant les lecteurs à se débattre avec des questions existentielles et à réfléchir aux profondeurs de leurs propres paysages intérieurs. En substance, la maîtrise par Kang de la profondeur psychologique enrichit non seulement ses récits d'une profonde résonance émotionnelle, mais offre également aux lecteurs une expérience littéraire transformatrice qui élargit leur compréhension des subtilités de la psyché humaine.

Allégorie : au-delà de l'interprétation littérale

L'allégorie, en tant que procédé littéraire, sert de véhicule pour transmettre des significations philosophiques, morales ou politiques plus profondes à travers la représentation de concepts et d'entités abstraits. Dans le domaine de la fiction, les récits allégoriques opèrent souvent à plusieurs niveaux, permettant aux lecteurs d'interpréter les événements, les personnages et les symboles au-delà de leurs manifestations littérales. L'utilisation habile de l'allégorie par Han Kang élève son art du récit, invitant les lecteurs à s'engager dans des thèmes nuancés et des explorations introspectives.

Dans le paysage de la fiction allégorique, Han Kang entremêle habilement le personnel et l'universel, offrant des aperçus profonds des expériences humaines tout en abordant des questions sociétales et existentielles plus larges. La couche allégorique de ses récits invite ouvertement les lecteurs à adopter des interprétations à multiples facettes, favorisant des discussions riches et des examens critiques de la condition humaine.

Dans « La végétarienne», Kang utilise habilement l'allégorie pour symboliser le défi des normes sociétales et la subversion des structures de pouvoir établies. Le choix du protagoniste de renoncer à la viande devient une puissante expression allégorique de la résistance, de la rébellion et de la lutte pour l'autonomie face à des systèmes oppressifs. À travers cette lentille allégorique, Kang incite les lecteurs à réfléchir à la complexité de l'action individuelle et à la tension entre conformité et autodétermination.

De même, Actes humains explore les représentations allégoriques du traumatisme, de la résilience et de l'héritage durable des atrocités historiques. En entremêlant les histoires personnelles d'individus avec l'expérience collective d'une nation marquée par la brutalité, Kang amplifie les dimensions allégoriques de la souffrance, de la commémoration et de la quête de justice. Les fondements allégoriques du roman résonnent comme des méditations profondes sur la capacité humaine à endurer, à se souvenir et sur l'impératif de reconnaître la douleur partagée et la guérison.

L'intégration magistrale de l'allégorie par Han Kang transcende la simple ornementation narrative, offrant aux lecteurs un voyage immersif dans le royaume des significations stratifiées et des réflexions profondes. Ses prouesses allégoriques enrichissent l'expérience du lecteur en présentant une tapisserie de thèmes, d'émotions et d'idées interconnectés qui s'étendent bien au-delà des limites de l'intrigue littérale. En parcourant les paysages allégoriques des œuvres de Han Kang, les lecteurs sont invités à contempler les subtilités de l'existence, la dynamique sociétale et les innombrables facettes de la nature humaine. Cela leur permet d'apprécier plus profondément le pouvoir de la fiction allégorique pour éclairer les complexités de l'expérience humaine.

Études de cas : œuvres exemplaires de l'œuvre de Han Kang

En explorant ces œuvres exemplaires, nous découvrons une riche tapisserie de fictions psychologiques et allégoriques qui captivent et interpellent les lecteurs. L'une des études de cas les plus marquantes est « La végétarienne », une œuvre charnière qui tisse de manière complexe les thèmes de l'identité, du désir et des attentes sociétales à travers le parcours profondément personnel de son protagoniste, Yeong-hye. Les éléments allégoriques de ce roman ne servent pas seulement de procédés narratifs, mais invitent également les lecteurs à réfléchir aux limites de la conscience et de l'action humaines.

Une autre étude de cas captivante est Actes humains, où Kang aborde avec brio l'héritage déchirant du soulèvement de Gwangju, insufflant au récit une profondeur psychologique et une résonance allégorique profondes. À travers des perspectives de personnages aux multiples facettes et des chronologies entrelacées, Kang dresse un portrait obsédant du traumatisme, de la résilience et de l'interaction complexe entre la mémoire individuelle et collective. Le roman témoigne de la capacité de Kang à utiliser judicieusement les mécanismes de la fiction psychologique et allégorique pour mettre en lumière l'impact durable des événements historiques sur la psyché humaine.

Le Livre blanc est un excellent exemple du talent de Kang à mêler avec fluidité le lyrisme et l'allégorique. La fluidité du récit, imprégné de méditations poignantes sur la perte, la maternité et les subtilités du deuil, transcende ses racines autobiographiques pour trouver un écho universel. À travers un symbolisme évocateur et une prose introspective, Kang invite les lecteurs à traverser les espaces liminaires de la mémoire et de l'imagination, en proposant une exploration profondément émouvante de l'interdépendance entre l'expérience personnelle et les thèmes généraux.

De plus, « Breathing Underwater » met en évidence l'habileté de Kang à créer des paysages allégoriques qui amplifient les courants émotionnels et psychologiques sous-jacents des expériences de ses personnages. Cette collection de nouvelles dépeint habilement l'éthéré et le corporel, entraînant les lecteurs dans un monde où la frontière entre réalité et métaphore devient de plus en plus poreuse. À travers ces études de cas, il devient évident que le répertoire littéraire de Kang regorge d'œuvres qui illustrent l'interaction complexe entre profondeur psychologique et nuance allégorique, invitant les lecteurs à démêler des récits à plusieurs niveaux qui résonnent à la fois sur les plans viscéral et intellectuel.

Conclusion : l'interaction entre l'esprit et le mythe dans la fiction

Alors que nous terminons notre exploration des mécanismes de la fiction psychologique et allégorique, il devient évident que l'œuvre littéraire de Han Kang illustre l'interaction complexe entre l'esprit et le mythe dans le domaine de la fiction. À travers ses récits nuancés, Kang navigue habilement dans les complexités de la psyché humaine tout en y intégrant des éléments mythiques et symboliques pour créer des récits riches et aux multiples facettes. Cette intersection entre les paysages intérieurs et la résonance universelle du mythe élève son œuvre à un niveau d'expression artistique profond.

L'exploration de la conscience, de la mémoire et de l'émotion est un thème récurrent dans l'écriture de Kang, qui transcende la simple introspection pour plonger dans le subconscient collectif de la société. Dans cette union du personnel et de l'archétype, Kang opère dans un espace où l'expérience individuelle croise des motifs mythiques intemporels, donnant naissance à des récits à la fois profondément personnels et universellement résonnants.

En contemplant l'interaction entre l'esprit et le mythe, il est essentiel de reconnaître l'utilisation magistrale du symbolisme et de la métaphore par Kang, qui sert de canal pour l'exploration de vérités profondes et de questions existentielles. Son utilisation de ces procédés littéraires permet aux lecteurs de s'engager dans des thèmes et des concepts profonds à plusieurs niveaux, et les invite à réfléchir aux subtilités de la condition humaine ainsi qu'au pouvoir durable du mythe.

De plus, la représentation habile des profondeurs psychologiques par Kang à travers ses personnages ajoute une dimension à la nature allégorique de sa fiction. En sondant les profondeurs de la conscience humaine, Kang crée des récits qui scrutent les complexités de l'identité, du traumatisme et de la transformation, offrant un aperçu des aspects fondamentaux de l'expérience humaine qui transcendent les frontières temporelles ou culturelles.

En considérant les implications plus larges de l'interaction entre l'esprit et le mythe chez Kang, on ne peut ignorer la capacité de la littérature à mettre en lumière les fils communs de notre humanité. Grâce à sa manipulation habile de la structure narrative et de l'intertextualité, Kang construit des histoires qui résonnent en profondeur avec les lecteurs, les incitant à la contemplation des récits durables qui façonnent nos vies et nos cultures.

En conclusion, la convergence de l'esprit et du mythe dans la fiction de Kang témoigne de la puissance durable de la littérature pour sonder les complexités de l'expérience humaine. Sa capacité à entrelacer le personnel et le mythique est une réussite d'une grande importance littéraire, qui consolide sa place en tant que voix formidable dans la fiction contemporaine et renforce la pertinence durable de son œuvre dans les annales de la réussite littéraire.

Entretiens et réflexions personnelles

Aperçu du processus de Han Kang

Introduction aux récits personnels de Han Kang

Le parcours littéraire de Han Kang est profondément lié à ses expériences personnelles et au contexte socioculturel de sa ville natale, Gwangju. Née et élevée dans une région marquée par la complexité de l'histoire moderne de la Corée du Sud, les années de formation de Kang se sont déroulées dans un contexte de bouleversements politiques, de transformations sociétales et de résilience durable de l'esprit humain. Le milieu culturel de Gwangju, connu pour son riche patrimoine artistique, a joué un rôle central dans le développement de la passion naissante de Kang pour la littérature et la narration. A

lors qu'elle explorait les nuances de son environnement, Kang était très attentive aux éléments qui imprégneront plus tard ses créations littéraires d'une profondeur et d'une authenticité profondes. À travers le prisme de ses récits personnels, les lecteurs découvrent les émotions viscérales et les réflexions qui ont inspiré l'écriture de Kang. Comprendre les origines de son inspiration créative permet d'apprécier avec plus de nuances la complexité thématique et la représentation évocatrice de la condition humaine dans ses œuvres. L'exploration de la jeunesse de Kang offre un récit captivant qui souligne la relation symbiotique entre l'auteur et son environnement, ainsi que le pouvoir transformateur des expériences personnelles dans la formation de la vision du monde d'un artiste et de ses prouesses narratives. En explorant les influences et les inspirations issues de la trame socioculturelle de Gwangju, cette section offre une vision holistique de la genèse littéraire de Kang, invitant les lecteurs à un voyage captivant à travers les piliers fondateurs de son identité créative.

Origines : influences et inspirations

Le parcours littéraire de Han Kang est profondément marqué par une myriade d'influences et d'inspirations qui ont laissé une empreinte indélébile sur son œuvre. En plongeant dans les origines de son processus créatif, on découvre une mosaïque de facteurs culturels, historiques et personnels qui l'ont propulsée au rang d'écrivaine de renommée internationale. Au cœur des fondements narratifs de Han Kang se trouve le riche patrimoine culturel de la Corée du Sud, qui constitue une source d'inspiration pour ses récits. L'interaction complexe entre les valeurs traditionnelles coréennes, les normes sociétales et le contexte historique tumultueux constitue un terreau fertile pour le développement de ses récits, qui invitent à la réflexion. En outre, les années de formation de Han Kang à Gwangju, une ville marquée par les conséquences des troubles politiques, ont imprégné son écriture d'un profond sentiment de résilience et d'empathie. Les échos du passé tumultueux de Gwangju se répercutent dans son exploration des traumatismes, de la perte et de la condition humaine, élevant son art du récit à des sommets transcendants.

Au-delà des influences géographiques, la dynamique familiale et les expériences personnelles ont également joué un rôle central dans la formation de l'éthique créative de Han Kang. À travers son regard introspectif, elle démêle les complexités des relations interpersonnelles, les conceptions de la féminité et l'impact durable des héritages historiques. De plus, l'appétit littéraire vorace de Han Kang et son exposition à un large éventail d'auteurs et de genres ont façonné sa sensibilité artistique. Les œuvres de personnalités influentes, tant dans la sphère littéraire coréenne qu'au-delà, ont enrichi la palette de sa créativité, insufflant à sa prose une profondeur et une universalité nuancées. C'est dans cette fusion dynamique d'influences culturelles, familiales et littéraires que la voix distinctive de Han Kang émerge, résonnant auprès de lecteurs à travers les continents et les générations. En explorant les sources qui ont nourri l'œuvre littéraire de Han Kang, les lecteurs découvrent avec une profonde admiration la mosaïque d'influences qui ont convergé pour façonner son discours narratif unique.

Élaborer des intrigues : techniques et innovations

La création de scénarios captivants implique une interaction délicate entre diverses techniques et innovations littéraires qui captivent les lecteurs et transmettent la vision narrative de l'auteur. L'approche de Han Kang en matière de création de scénarios reflète une fusion magistrale de créativité et d'attention méticuleuse aux détails, qui donne lieu à des récits empreints d'une profondeur émotionnelle et d'une pertinence universelle. L'une des techniques clés employées par Kang est son utilisation habile de la narration non linéaire, dans laquelle elle tisse habilement le passé et le présent, créant une tapisserie riche d'événements et de personnages interconnectés. Cette approche non linéaire confère à ses récits un sentiment d'intemporalité et invite les lecteurs à s'impliquer activement dans l'assemblage des couches complexes de l'intrigue. En outre, Han Kang fait preuve d'un talent remarquable pour utiliser des images évocatrices et des descriptions sensorielles afin de plonger les lecteurs dans l'expérience viscérale de ses récits. Grâce à son langage précis et vivant, Kang dépeint des paysages et des personnages saisissants, suscitant des réactions émotionnelles puissantes et enrichissant le lien du lecteur avec l'intrigue.

Han Kang comprend également en détail le développement des personnages, dépeignant des individus aux multiples facettes auxquelles le lecteur peut s'identifier. Leurs parcours sont complexes et suscitent la réflexion. Ses personnages sont empreints d'authenticité et de complexité, ce qui permet aux lecteurs de s'identifier profondément à leurs difficultés et à leurs aspirations. Un autre aspect novateur de la narration de Kang est son exploration du silence et du sous-texte. Elle intègre avec brio des nuances subtiles et des émotions inexprimées dans ses récits, invitant les lecteurs à interpréter et à contempler les couches de sens plus profondes de l'histoire.

En embrassant l'ambiguïté et la litote, Han Kang crée un espace d'introspection et d'interprétation personnelle, favorisant un engagement plus profond avec ses récits. Ses innovations narratives s'étendent également à ses explorations thématiques audacieuses, qui plongent dans des sujets universels tels que le traumatisme, la perte et la condition humaine. Par son approche audacieuse de ces thèmes profonds, Kang exploite le pouvoir de la narration pour provoquer l'introspection et l'empathie, mettant les lecteurs au défi de se confronter à des aspects essentiels de l'expérience humaine. La convergence de ces techniques innovantes aboutit à des récits qui transcendent les frontières traditionnelles de la narration, invitant les lecteurs dans des paysages littéraires transformateurs qui évoquent l'introspection, l'empathie et la contemplation durable.

Le rôle de la mémoire et de l'expérience

La mémoire et les expériences jouent un rôle central dans la formation du paysage narratif des œuvres littéraires de Han Kang. L'interaction complexe entre la mémoire et l'expérience sert de base convaincante à sa narration, insufflant profondeur et résonance émotionnelle à ses récits. En plongeant dans les complexités de la conscience humaine, Han Kang explore habilement comment les souvenirs, tant personnels que collectifs, façonnent les perceptions, les actions et les relations des personnages. De plus, l'intuition aiguë de Kang entremêle la mémoire et l'expérience pour construire des protagonistes à plusieurs niveaux qui sont aux prises avec le poids de leur passé et de leur réalité présente.

La gestion habile par Kang des traumatismes et de leur impact durable sur la psyché individuelle est au cœur de cette exploration. À travers ses personnages, elle décrit avec talent la manière dont les expériences passées et les souvenirs qui les accompagnent se répercutent tout au long de leur vie, façonnant leurs perspectives et influençant leurs décisions. Cette approche nuancée de la représentation des complexités de la mémoire offre aux lecteurs un aperçu profond de la condition humaine, les invitant à réfléchir aux effets durables des histoires personnelles et des bouleversements sociétaux.

De plus, la représentation de la mémoire et de l'expérience par Kang sert de pont entre le personnel et l'universel. En tissant des souvenirs individuels avec des contextes historiques et culturels plus larges, elle résume la conscience collective d'une société marquée par la transformation et la turbulence. Grâce à son attention méticuleuse aux détails, l'auteur permet aux lecteurs de comprendre la tapisserie complexe de l'expérience humaine, remplie de moments de joie, de tristesse et d'introspection, tout en reconnaissant les marques indélébiles laissées par l'histoire et la tradition.

Par essence, la façon dont Han Kang traite la mémoire et l'expérience invite les lecteurs à explorer les subtilités de l'existence à travers le prisme de ses personnages, favorisant ainsi l'empathie et la compréhension des diverses manifestations des souvenirs personnels et collectifs. En plongeant les lecteurs dans les profondeurs de la mémoire, Han Kang les encourage à réfléchir à l'importance des souvenirs individuels dans la formation de l'identité et le développement de la résilience et de la compassion face à l'adversité.

Perspectives sur la langue et la traduction

La langue et la traduction sont les canaux par lesquels la vision littéraire de Han Kang est portée à un public mondial plus large. Dans son exploration introspective de la langue, Han Kang navigue à travers les nuances complexes et les résonances culturelles inhérentes à l'acte de traduction. Elle explore le processus de traduction comme un moyen de relier des paysages linguistiques divers, reconnaissant l'immense responsabilité qui découle de la transmission de l'essence de ses récits dans différentes langues. Les profondes réflexions de Kang mettent en lumière le pouvoir transformateur de la traduction, soulignant le potentiel de compréhension et d'empathie interculturelles. À travers sa réflexion sur le langage, Kang souligne le rôle central des traducteurs en tant que co-créateurs, essentiels pour préserver l'authenticité et la profondeur émotionnelle de sa prose dans divers contextes linguistiques.

Sa réflexion sur le langage va au-delà du simple transfert linguistique, englobant le poids symbolique et les dimensions émotionnelles encapsulées dans les mots. Elle exprime l'idée que chaque langue possède un patrimoine expressif unique, rempli de couches culturelles, historiques et émotionnelles, qui façonnent les significations transmises. Son discours introspectif souligne les distinctions subtiles qui contribuent à la richesse et à la complexité de chaque expression linguistique, renforçant l'idée que la traduction transcende la simple conversion des mots ; elle incarne la préservation de l'ethos culturel et de la résonance émotionnelle.

De plus, Kang élucide la relation intrinsèque entre la langue et l'expérience sensorielle, en montrant comment les mots peuvent évoquer des sensations et des perceptions distinctes dans l'esprit des lecteurs. Elle explore également l'interaction entre la langue et les émotions, en dévoilant le potentiel transformateur de la cadence linguistique et de l'imagerie pour susciter des réponses empathiques de la part de publics divers. Les observations astucieuses de Kang soulignent son dévouement à l'élaboration de récits qui transcendent les frontières linguistiques, en résonnant avec les lecteurs à un niveau profond et viscéral.

En examinant les réflexions de Kang sur la langue et la traduction, il devient évident que son engagement envers la précision linguistique et l'authenticité émotionnelle imprègne chaque aspect de son écriture. Son discours témoigne de l'impact durable de la littérature, mettant en lumière l'interaction dynamique entre la langue, la culture et l'expérience humaine. À travers son exploration approfondie du processus de traduction, Kang souligne le pouvoir transcendant de la narration pour favoriser l'empathie universelle, au-delà des frontières géographiques et linguistiques.

Chroniquer les profondeurs émotionnelles : construire l'empathie

Dans son exploration littéraire, Han Kang plonge dans le labyrinthe émotionnel de l'expérience humaine, cherchant à construire un pont d'empathie entre ses lecteurs et les personnages de ses récits. À travers ses récits poignants et le développement complexe de ses personnages, Kang explore la toile complexe des émotions, dévoilant des couches de vulnérabilité, de résilience et de sentiments humains bruts. En relatant les profondeurs émotionnelles de ses personnages, l'auteur invite les lecteurs à s'engager dans les aspects universels de l'humanité, favorisant un profond sentiment d'empathie et de compréhension.

S'inspirant de ses propres expériences et observations personnelles, Kang tisse un récit qui résonne sur une fréquence émotionnelle, capturant l'essence des expériences humaines communes. Elle dépeint habilement les complexités de la tristesse, de la joie, du désir et du désespoir, suscitant une réponse viscérale de la part de son public. En plongeant ses lecteurs dans les paysages émotionnels de ses histoires, Kang les incite à l'introspection et à la réflexion, et les oblige à affronter leurs propres émotions ainsi qu'à compatir aux luttes et aux triomphes de ses personnages.

La représentation experte des nuances émotionnelles de Kang crée une relation symbiotique entre ses récits et la conscience émotionnelle du lecteur, permettant une connexion et une compréhension plus profonde de la condition humaine. À travers son exploration du spectre émotionnel, Kang transcende les frontières culturelles et sociétales, puisant dans les émotions fondamentales qui nous lient tous en tant qu'êtres sensibles. Sa capacité à capturer et à transmettre l'universalité des émotions favorise une empathie collective qui transcende les perspectives individuelles, unissant des lecteurs divers dans une expérience empathique partagée.

De plus, l'approche délibérée de Kang en matière de développement des personnages et de narration émotionnelle sert de catalyseur pour promouvoir l'empathie au-delà des limites de ses récits. Ses récits agissent comme un miroir reflétant la nature multiforme des émotions humaines, incitant les lecteurs à reconnaître et à admettre la richesse et la diversité des expériences émotionnelles. Ce faisant, elle inspire une sensibilité accrue envers les paysages émotionnels des autres, favorisant une culture d'empathie et de compassion.

En conclusion, à travers l'exploration poignante de la profondeur émotionnelle et la culture de l'empathie, les prouesses littéraires de Han Kang vont au-delà de la simple narration, offrant aux lecteurs un voyage immersif dans l'essence universelle de l'humanité. En relatant les émotions brutes et non filtrées de l'expérience humaine, les récits de Kang résonnent en nous, témoignant du pouvoir de la littérature à favoriser l'empathie et l'unité dans un monde marqué par la diversité et les disparités.

Réflexions : Entretiens avec Han Kang

Au cours de divers entretiens, Han Kang a fourni des informations précieuses sur son processus créatif et ses explorations thématiques. Dans ces discussions éclairantes, elle plonge dans les fondements émotionnels et intellectuels qui sous-tendent son écriture, offrant un rare aperçu de l'esprit d'une visionnaire littéraire. Parmi les thèmes récurrents, on retrouve l'approche nuancée de Kang en matière d'empathie, alors qu'elle élucide les subtilités de la représentation des profondeurs de l'émotion humaine dans ses œuvres. Ses réflexions soulignent le lien profond entre les expériences personnelles et la condition humaine au sens large, en mettant l'accent sur le rôle de la littérature dans la promotion de la compréhension et de la compassion.

Alors qu'elle articule les complexités des mondes intérieurs de ses personnages, les interviews de Kang révèlent le travail méticuleux qui se cache derrière ses récits et la construction délibérée d'une résonance empathique. De plus, ses discussions sur la créativité et les défis culturels mettent en lumière les subtilités de la navigation dans divers paysages artistiques, démontrant son engagement inébranlable envers l'authenticité et l'intégrité dans sa narration.

Les entretiens de Kang offrent également des perspectives fascinantes sur la traduction de ses œuvres, mettant en lumière l'équilibre complexe entre les nuances linguistiques et l'universalité des expériences humaines. De sa réflexion sur la mémoire et son influence sur la construction narrative à ses récits révélateurs sur la confrontation aux tabous sociétaux, ces entretiens offrent une compréhension multidimensionnelle à la fois de l'artiste et de son art. En mêlant ses réflexions personnelles à des considérations plus générales, Han Kang suscite une appréciation plus profonde de l'interaction entre la créativité et la conscience humaine. Il invite ainsi les lecteurs à une riche tapisserie d'introspection littéraire et de révélation empathique.

Relever les défis : créativité et culture

Naviguer sur le terrain complexe de la créativité et de la culture représente un défi majeur pour les écrivains, en particulier ceux qui, comme Han Kang, abordent dans leurs œuvres des thèmes profondément personnels et universels. Les défis créatifs peuvent souvent découler de l'équilibre délicat entre l'articulation de récits personnels et la garantie de leur pertinence plus large pour des publics divers. Pour Han Kang, cela implique de naviguer entre les subtilités de la transmission de ses propres expériences et l'intégration de l'expérience humaine universelle dans son écriture. Cette danse délicate nécessite une compréhension nuancée des nuances culturelles, ainsi qu'une introspection approfondie de la condition humaine.

L'un des principaux défis auxquels Han Kang est confrontée consiste à concilier les aspects culturellement spécifiques de ses récits avec la nécessité de les rendre accessibles à l'échelle mondiale. En tant qu'écrivaine sud-coréenne, elle doit traduire ses expériences et ses références culturelles dans une langue qui transcende les frontières géographiques sans diluer l'authenticité de sa voix. Cela nécessite non seulement des considérations linguistiques, mais aussi une profonde connaissance des diverses perspectives et sensibilités de son lectorat potentiel.

De plus, le processus créatif lui-même pose des défis qui exigent un dévouement et une résilience sans faille. La quête de l'excellence littéraire exige en effet un engagement continu à perfectionner son art, à rechercher sans cesse des moyens novateurs de transmettre des émotions et des concepts complexes, et à affiner avec diligence chaque aspect de la narration. L'approche méticuleuse de Han Kang envers son écriture témoigne de l'effort ardu qu'elle déploie pour repousser constamment les limites artistiques tout en préservant l'intégrité de sa vision narrative.

Les défis culturels sont également nombreux, car Han Kang doit représenter avec précision la dynamique historique et sociétale de sa Corée du Sud natale tout en transcendant l'esprit de clocher pour toucher un lectorat mondial. Trouver cet équilibre délicat exige une conscience aiguë des sensibilités culturelles, une exploration approfondie des contextes historiques et un effort consciencieux pour favoriser la compréhension interculturelle. Par son engagement indéfectible en faveur de l'authenticité et de l'empathie, Han Kang relève ces défis de front, s'efforçant de créer une littérature qui comble les fossés culturels et favorise un dialogue constructif.

En relevant ces défis aux multiples facettes, le parcours de Han Kang incarne la symbiose inexorable entre l'expression créative et la représentation culturelle. Il souligne la nécessité pour les écrivains non seulement de surmonter les obstacles internes à leur processus créatif, mais aussi de s'engager dans les complexités externes de la représentation culturelle et de la résonance mondiale. En fin de compte, c'est en relevant habilement ces défis que Han Kang réalise son aspiration à créer des récits qui transcendent les frontières géographiques, enrichissant ainsi le paysage littéraire de contributions profondes et durables.

L'entrelacement du personnel et de l'universel

La capacité de Han Kang à entrelacer des expériences personnelles avec des thèmes universels est une marque de fabrique de ses prouesses littéraires. En examinant ses œuvres, les lecteurs sont confrontés aux aspects profondément intimes, mais universellement pertinents, de la condition humaine. En plongeant dans des récits personnels poignants, elle les relie de manière fluide à des concepts plus larges qui trouvent un écho auprès de publics transcendant les cultures et les frontières. Cette intégration fluide d'éléments personnels et universels enrichit son récit, l'élevant à un niveau qui transcende les frontières géographiques et culturelles. En entrelaçant habilement les expériences individuelles et les dilemmes existentiels, Kang offre aux lecteurs une exploration profonde de ce que signifie être humain. Ses écrits servent de pont qui unit des individus divers sous le parapluie commun de l'humanité. Qu'elle dépeigne le chagrin, l'amour ou les complexités de la mémoire, elle crée habilement une tapisserie où les émotions personnelles et les vérités universelles se confondent.

En honorant ses propres expériences tout en puisant dans des thèmes universels, Kang établit un lien profondément empathique avec son public. Les lecteurs ne se retrouvent pas seulement à sympathiser avec les personnages, mais aussi à reconnaître leurs propres réflexions dans les récits. Cet habile équilibre entre le personnel et l'universel souligne la finesse narrative de Kang, rendant ses histoires non seulement profondément émouvantes, mais aussi universellement accessibles. De plus, en entremêlant des thèmes personnels et universels, Kang contribue à une meilleure compréhension de l'expérience humaine à travers les paysages culturels. Ses histoires transcendent les cultures et les langues individuelles, devenant des fils qui tissent la trame collective de l'existence humaine. Son écriture invite les lecteurs à entreprendre des voyages introspectifs qui vont au-delà des différences superficielles, favorisant une empathie et une compréhension profondes.

Ainsi, le personnel devient une lentille à travers laquelle les subtilités de l'universel sont dévoilées, enrichissant les perspectives des lecteurs et les invitant à contempler les aspects communs de la condition humaine. Grâce à l'entrelacement magistral de récits personnels et de thèmes universels, Han Kang consolide son statut de sommité littéraire dont les œuvres possèdent un pouvoir durable et transformateur qui résonne dans le paysage littéraire mondial.

Orientations futures : trajectoires personnelles et professionnelles

Alors que Han Kang continue de façonner le paysage littéraire avec ses récits profonds, il devient essentiel de se pencher sur ses aspirations et perspectives futures. Ces trajectoires offrent un aperçu de ses efforts personnels et professionnels en constante évolution, faisant écho au pouvoir transformateur de ses récits. Un aspect notable de l'orientation future de Han Kang est son engagement à explorer davantage de thèmes qui résonnent profondément avec l'expérience humaine. Cela implique une exploration approfondie du deuil, de la mémoire, de l'identité et des constructions sociétales, offrant aux lecteurs l'occasion de s'engager dans des récits qui transcendent les frontières culturelles.

Sur le plan professionnel, Han Kang cherche à élargir le discours autour de la traduction et de la langue, en tant que composantes intégrales de son processus d'écriture. En mettant continuellement l'accent sur les nuances linguistiques et l'art de la traduction, elle cherche à repousser les limites de l'échange interculturel dans la littérature, en favorisant une appréciation plus profonde des subtilités de la narration auprès de publics internationaux.

De plus, l'avenir réserve à Han Kang des collaborations et des projets multidisciplinaires prometteurs. Grâce à des partenariats avec des artistes, des cinéastes et des créateurs de diverses disciplines, elle envisage de tisser ses récits en expériences multimédias immersives qui remettent en question les paradigmes conventionnels de la narration. Cette approche s'inscrit dans sa vision de cultiver l'empathie et la compréhension à travers une variété de moyens artistiques, soulignant la pertinence universelle de son travail.

Sur le plan personnel, Han Kang envisage d'explorer des histoires inédites et des voix marginalisées, témoignant de son engagement continu à amplifier les récits sous-représentés. Cela implique un engagement plus profond envers l'histoire, la culture et la condition humaine, reflétant un désir conscient d'insuffler à ses œuvres futures une plus grande inclusivité et une résonance culturelle.

En fin de compte, les orientations futures de Han Kang mettent en évidence un mélange fascinant d'introspection personnelle et de projets professionnels ambitieux. Sa volonté de tisser des récits complexes qui transcendent les frontières géographiques et temporelles promet une trajectoire qui continuera à captiver et à enrichir le paysage littéraire mondial. Dans ce cadre, sa volonté inébranlable d'innover, de provoquer et d'inspirer garantit que son avenir restera aussi énigmatique et émouvant que son œuvre littéraire célébrée.

16

Au-delà des frontières

Han Kang sur la scène mondiale

Introduction à l'influence mondiale de Han Kang

L'œuvre littéraire de Han Kang témoigne de la capacité des récits à transcender les barrières culturelles et linguistiques. En mettant au jour des expériences humaines universelles, ils résonnent à travers les continents. Grâce à sa prose magistrale et à son exploration profonde des émotions humaines, Han Kang a acquis une renommée sans précédent sur la scène mondiale. Sa capacité à saisir la profondeur de la conscience humaine, la complexité des traumatismes et la fragilité de l'existence transcende les frontières géographiques, faisant d'elle une icône littéraire vénérée dans le monde entier.

Les thèmes entremêlés dans ses œuvres, tels que l'identité, la perte et la condition humaine, ont touché une corde sensible chez les lecteurs de divers horizons culturels, favorisant les liens qui relient des sociétés disparates. Cette interconnexion est une caractéristique de l'impact de Han Kang, car ses récits brisent les stéréotypes et mettent en lumière des facettes communes de l'humanité, favorisant l'empathie et la compréhension au-delà des frontières. Alors que ses récits évocateurs trouvent un écho auprès des lecteurs du monde entier, l'influence de Han Kang ne cesse de s'étendre, enrichissant le paysage littéraire par son attrait universel et sa réflexion perspicace sur l'expérience humaine.

Reconnaissance internationale : prix et distinctions

Les prouesses littéraires de Han Kang lui ont valu une large reconnaissance et de nombreuses distinctions prestigieuses sur la scène internationale, consolidant ainsi sa position en tant que force formidable de la littérature contemporaine. L'accueil international de son œuvre a été marqué par une multitude de prix et de distinctions, affirmant la nature transcendante de son écriture. Le succès sans précédent de Han Kang a culminé en 2016 avec le prestigieux prix international Man Booker pour « La végétarienne », marquant une étape importante dans sa carrière. Cette distinction prestigieuse l'a propulsée sur la scène littéraire mondiale et a attiré l'attention du public sur ses récits qui suscitent la réflexion. En outre, son roman Actes humains a reçu le prix Malaparte en Italie, s'ajoutant à la myriade d'honneurs décernés à ses contributions littéraires.

Au-delà de ces réalisations, Han Kang a reçu divers autres prix et nominations internationaux, dont le prix littéraire du Conseil des arts de Corée et le prix littéraire Yi Sang, soulignant l'impact profond de ses œuvres à travers les continents. Sa capacité à captiver des publics variés et à transcender les barrières culturelles lui a valu les éloges de la critique des communautés littéraires du monde entier. De plus, son exploration habile des expériences humaines profondes lui a valu la reconnaissance enthousiaste des lecteurs et des critiques, réaffirmant son statut de figure influente de la littérature mondiale.

Les récits captivants de Han Kang ont non seulement trouvé un écho auprès des lecteurs, mais ont également suscité un discours savant dans les cercles universitaires internationaux. Les universitaires et les critiques littéraires ont analysé et disséqué ses œuvres en profondeur, contribuant ainsi à la richesse du dialogue littéraire mondial. Par ailleurs, sa participation à des festivals littéraires de premier plan, comme le Festival international du livre d'Édimbourg et le Festival international de littérature de Berlin, souligne sa pertinence durable dans le paysage littéraire international. Grâce à ces distinctions et à ces engagements, Han Kang a efficacement comblé les fossés culturels, faisant découvrir ses récits évocateurs à un public mondial diversifié et reconnaissant.

La traduction : un pont entre les cultures à travers le langage

La résonance mondiale des œuvres littéraires de Han Kang est inextricablement liée à l'art et au métier de la traduction, qui sert de canal essentiel pour relier les différentes cultures et langues. Les romans et les écrits de Kang transcendent les frontières linguistiques et subissent le processus de transformation de la traduction, permettant ainsi aux lecteurs du monde entier d'accéder à la riche tapisserie de ses récits. L'acte de traduction ne se contente pas de transposer l'essence des récits de Kang dans différentes langues ; il implique également une navigation nuancée à travers les nuances culturelles, les expressions idiomatiques et la pertinence contextuelle. Grâce à une traduction experte, la prose de Kang conserve sa profondeur émotionnelle et sa sophistication littéraire, garantissant que les subtilités thématiques et les spécificités culturelles sont fidèlement transmises à un lectorat diversifié.

La traduction reflète une interaction complexe entre les langues source et cible, où les traducteurs servent de gardiens du sens, s'efforçant de saisir l'intention originale de l'auteur tout en imprégnant le texte d'intégrité linguistique et de résonance dans la langue cible. Dans le cas des œuvres de Han Kang, des traducteurs qualifiés ont joué un rôle essentiel dans la transposition de la cadence évocatrice et des images poignantes de son écriture, favorisant ainsi un lien intime entre la vision narrative de l'auteur et les lecteurs du monde entier. En outre, le processus de traduction implique une collaboration symbiotique entre l'auteur et le traducteur, marquée par un respect mutuel pour les complexités inhérentes à l'échange linguistique et culturel.

De plus, l'adaptation transculturelle par la traduction engendre un dialogue profond entre des traditions littéraires distinctes, libérant le potentiel d'un engagement interculturel et enrichissant le paysage littéraire mondial. En se plongeant dans la sémantique et le symbolisme inhérents à la prose de Han Kang, les traducteurs facilitent la transmission sans faille des subtilités narratives et de l'essence thématique, en reconnaissant le réservoir d'héritage culturel encapsulé dans le texte original. Les défis inhérents à la traduction exigent un exercice d'équilibre minutieux, dans lequel la fidélité à la voix de l'auteur se conjugue avec l'impératif de rendre le texte accessible et résonnant dans le cadre de divers environnements linguistiques et culturels.

En fin de compte, l'acte de traduction incarne un engagement durable à préserver l'authenticité et la résonance émotionnelle de l'œuvre littéraire de Han Kang tout en favorisant un écosystème littéraire inclusif qui encourage la compréhension et l'appréciation interculturelles. À travers le prisme de la traduction, les récits de Han Kang transcendent les divisions géographiques, démontrant le pouvoir transformateur du langage en tant que vecteur d'empathie, d'illumination et d'interconnexion entre les lecteurs du monde entier. Le voyage de la traduction témoigne ainsi de l'héritage durable de l'éclat littéraire de Han Kang, ancrant ses récits dans le tissu universel de l'expérience humaine et de l'exploration culturelle.

Accueil critique à travers les continents

Les œuvres littéraires de Han Kang ont suscité un vif intérêt et une grande reconnaissance de la part de la critique sur plusieurs continents, reflétant leur profonde résonance auprès des lecteurs et des universitaires internationaux. En Europe, ses récits percutants et son exploration poignante des expériences humaines ont captivé l'imagination des critiques littéraires et du public. En Asie, notamment au Japon et en Chine, l'accueil réservé à ses œuvres a été marqué par une profonde admiration pour sa voix narrative distincte et la profondeur de ses thèmes. En Amérique du Nord, les romans de Han Kang ont suscité des débats réfléchis dans les cercles littéraires, déclenchant des discussions sur la mémoire, les traumatismes et la condition humaine. Cette reconnaissance mondiale souligne la pertinence universelle des récits de Kang, qui transcendent les frontières culturelles et géographiques. Des critiques issus de diverses traditions littéraires ont salué sa capacité à tisser des paysages psychologiques complexes et à créer une intensité émotionnelle, faisant d'elle une figure éminente de la littérature mondiale contemporaine.

Sa représentation des émotions humaines complexes, associée à une prose évocatrice, a profondément résonné chez les lecteurs de différentes cultures, lui valant une large reconnaissance en tant qu'écrivaine visionnaire. Ses récits méticuleusement élaborés suscitent souvent des discussions et des interprétations qui font réfléchir, renforçant ainsi sa réputation de sommité littéraire au rayonnement véritablement international.

Les universitaires et les critiques du monde entier se sont livrés à des analyses approfondies de l'œuvre de Kang, se penchant sur les thèmes nuancés et les techniques littéraires qui caractérisent son écriture. De l'exploration de la mémoire individuelle et collective à la déconstruction des normes et des attentes sociétales, ses romans ont suscité des dialogues universitaires qui transcendent les frontières. L'impact intellectuel et émotionnel de ses récits a catalysé une riche mosaïque de réponses critiques, contribuant à une compréhension plus approfondie des implications de ses œuvres.

De plus, l'immense accueil critique réservé aux romans de Han Kang a également donné lieu à des conférences, des colloques et des publications universitaires consacrés à l'examen et à l'interprétation de ses contributions à la littérature contemporaine. Ces événements servent de forums de discussion interdisciplinaires, permettant aux universitaires, aux chercheurs et aux passionnés de littérature de s'engager dans des explorations multidimensionnelles de l'œuvre de Kang et de sa place dans le paysage littéraire mondial.

En substance, l'accueil critique réservé aux œuvres de Han Kang à travers les continents témoigne d'une appréciation durable de la profondeur, de la complexité et de l'universalité de ses récits. Il illustre le pouvoir de la littérature à faciliter des dialogues interculturels significatifs et à mettre en lumière des aspects communs de l'expérience humaine, réaffirmant ainsi la stature de Han Kang en tant que voix prééminente de la littérature mondiale.

Le rôle des festivals et des conférences littéraires

Ils jouent un rôle essentiel dans l'accroissement de la présence et de l'influence mondiales des œuvres de Han Kang. Ces plateformes prestigieuses servent de vecteurs d'échanges culturels, de dialogue intellectuel et de collaboration artistique. Elles offrent à Kang l'occasion de s'engager auprès d'un public international et de ses pairs. Par sa participation à ces événements, Kang enrichit non seulement le discours autour de ses propres écrits, mais contribue également à l'enrichissement des conversations littéraires mondiales. Ils offrent un espace aux multiples facettes où écrivains, universitaires et lecteurs se retrouvent pour célébrer la littérature et explorer l'interaction complexe entre les différentes traditions et expériences littéraires.

Lorsque Han Kang monte sur scène lors de ces rassemblements, sa présence sert de catalyseur à la compréhension interculturelle, favorisant des liens qui transcendent les frontières géographiques. La résonance de ses thèmes, de son imagerie et de son art narratif trouve un écho profond auprès des publics du monde entier, suscitant des discussions perspicaces et favorisant une appréciation plus profonde de la diversité de l'expression littéraire. De plus, ces événements permettent à Kang de participer à des dialogues sur la traduction et les défis et subtilités de la traduction de ses œuvres dans différentes langues, soulignant ainsi l'importance de la diversité linguistique et des nuances dans la communication interculturelle.

Enfin, sa participation à ces forums facilite la diffusion de la littérature sud-coréenne à l'échelle mondiale et amplifie la voix des écrivains coréens, tout en élargissant les horizons des lecteurs du monde entier. En substance, les festivals et conférences littéraires servent de forums dynamiques pour célébrer les réalisations littéraires et explorer les expériences humaines communes. Ils positionnent Han Kang comme une figure éminente du paysage littéraire mondial et affirment la pertinence durable de ses contributions à la littérature contemporaine.

Han Kang dans le discours académique mondial

À mesure que les œuvres de Han Kang ont attiré l'attention du monde entier, elles sont devenues des sujets de discours académiques à travers les continents. Des universitaires et des chercheurs ont exploré les couches complexes de ses récits, s'intéressant aux thèmes du traumatisme, de la mémoire et des expériences humaines. Grâce à une analyse rigoureuse et à une interprétation critique, les écrits de Han Kang ont suscité des discussions perspicaces et des explorations théoriques au sein de la communauté universitaire. S'engager dans ses œuvres offre une plateforme pour des collaborations interdisciplinaires, intégrant des perspectives issues de la littérature, de la psychologie, de l'histoire et des études culturelles.

Dans les milieux universitaires, les romans de Han Kang sont souvent examinés à travers divers cadres théoriques tels que la théorie postcoloniale, les perspectives féministes et les études sur les traumatismes. La nature multidimensionnelle de sa narration offre un riche matériau pour les recherches universitaires sur les intersections complexes des histoires personnelles et collectives. De plus, ses structures narratives innovantes et sa prose évocatrice constituent un terrain fertile pour l'analyse linguistique et les enquêtes stylistiques, contribuant ainsi au développement de la critique littéraire et des paradigmes théoriques.

L'inclusion des œuvres de Han Kang dans les programmes universitaires et les syllabi académiques a élargi la portée de la littérature coréenne et de la fiction contemporaine mondiale. Sa présence dans les salles de classe et les conférences universitaires reflète la reconnaissance de ses contributions significatives à la littérature mondiale. Les étudiants et les universitaires s'engagent dans ses textes, favorisant des dialogues approfondis et des évaluations critiques qui transcendent les frontières culturelles et améliorent la compréhension interculturelle.

De plus, l'impact de Han Kang sur le discours académique dépasse le domaine de la littérature. Son exploration des thèmes existentiels, des dilemmes éthiques et de la condition humaine suscite des réflexions philosophiques et des questionnements éthiques. En parcourant les paysages complexes de ses récits, les universitaires du monde entier se lancent dans des voyages intellectuels qui explorent des questions fondamentales sur l'identité, l'action et les contraintes sociétales.

La résonance mondiale de l'œuvre littéraire de Han Kang a également donné lieu à des projets de recherche collaboratifs et à des colloques réunissant des universitaires du monde entier, favorisant ainsi des échanges enrichissants et des efforts de collaboration. Des ateliers et des séminaires interdisciplinaires centrés sur ses œuvres servent de plateformes pour des synergies intellectuelles, générant des idées novatrices et des réseaux universitaires qui transcendent les distances géographiques et les diversités culturelles.

Alors que Han Kang continue de façonner les contours du discours littéraire mondial, sa présence dans les milieux universitaires souligne la pertinence durable et la signification universelle de ses récits. Les universitaires du monde entier continuent de plonger dans les profondeurs de ses écrits, démêlant les complexités et les nuances inhérentes à ses récits captivants.

Collaborations avec des artistes internationaux

Les collaborations de Han Kang avec des artistes internationaux témoignent de l'impact interdisciplinaire de ses œuvres littéraires. À travers ces collaborations artistiques, Han Kang cherche à transcender les frontières traditionnelles et à explorer de nouvelles dimensions de la narration. Cette section explore les liens profonds tissés par Han Kang avec des artistes d'horizons culturels et de disciplines variés, mettant en évidence la synergie entre la littérature et diverses formes d'art.

Les projets collaboratifs de Han Kang vont au-delà des adaptations littéraires conventionnelles et englobent divers supports tels que les arts visuels, la musique, la performance et les installations multimédias. Ces collaborations uniques proposent une expérience immersive qui transcende les barrières linguistiques et culturelles, et trouvent un écho auprès du public à l'échelle mondiale. Que ce soit à travers des expositions s'inspirant de ses romans ou des performances multidisciplinaires évoquant l'essence de ses récits, les collaborations de Han Kang démontrent une fusion harmonieuse de créativité et de dialogue interculturel.

En collaborant avec des artistes internationaux, Han Kang enrichit son art narratif en y insufflant des interprétations multiples et des expériences sensorielles. Ces collaborations lui ont permis de donner vie à ses récits de manière dynamique et évocatrice, contribuant à une mosaïque culturelle enrichie qui transcende les contraintes géographiques. Grâce à ces partenariats, les récits de Han Kang acquièrent de nouvelles dimensions et trouvent un écho auprès d'un public mondial, favorisant une appréciation universelle des thèmes intrinsèques de ses œuvres littéraires.

Ces collaborations artistiques servent également de plateforme de dialogue et d'échange, favorisant la compréhension culturelle et l'empathie par-delà les frontières. En tirant parti de la créativité collective d'artistes internationaux, Han Kang étend la portée de sa voix littéraire, créant un espace partagé où convergent des perspectives diverses. L'amalgame d'expressions créatives qui en résulte renforce l'universalité et la résonance de ses histoires, favorisant une compréhension plus profonde de l'expérience humaine.

Au-delà de simples adaptations, ces collaborations soulignent le pouvoir de transformation de la littérature en tant que catalyseur de l'exploration interdisciplinaire. Elles illustrent une interaction complexe entre la littérature et d'autres formes d'art, engendrant une expérience narrative enrichie et immersive qui transcende les disciplines individuelles. Ainsi, les collaborations de Han Kang avec des artistes internationaux témoignent du potentiel illimité de la synergie artistique, offrant une riche tapisserie de récits qui transcendent les frontières culturelles et évoquent les facettes communes de l'humanité.

L' impact de Han Kang sur la littérature contemporaine mondiale

Les œuvres littéraires de Han Kang ont eu un impact profond sur la littérature contemporaine mondiale, transcendant les frontières géographiques et culturelles. À travers son exploration sans faille de thèmes universels tels que le traumatisme, la nature humaine et les complexités de l'existence, Kang a non seulement capté l'attention d'un public international, mais a également contribué à façonner le discours et l'orientation des tendances littéraires modernes.

L'un des aspects les plus remarquables de son impact sur la littérature contemporaine mondiale est sa capacité à susciter des discussions significatives sur la condition humaine dans des contextes culturels divers. Ses œuvres ont déclenché des dialogues qui traversent les barrières linguistiques et sociétales, incitant les lecteurs du monde entier à réfléchir aux questions fondamentales de la vie, de l'identité et de la résilience. En outre, le style narratif unique de Kang et son approche expérimentale de la narration ont remis en question les normes littéraires conventionnelles, inspirant une nouvelle vague d'écrits innovants et introspectifs à travers diverses traditions littéraires.

La résonance internationale de l'œuvre de Kang a ouvert la voie à une plus grande appréciation de la littérature traduite, encourageant la création d'un paysage littéraire plus inclusif et diversifié. Son influence a favorisé une prise de conscience accrue du pouvoir de la narration en tant que vecteur d'empathie, de compréhension et de solidarité interculturelle. En conséquence, l'impact de Han Kang sur la littérature contemporaine mondiale s'étend au-delà des limites de l'analyse littéraire traditionnelle, laissant une empreinte profonde et durable sur la tapisserie de la littérature mondiale.

De plus, le succès de Kang a incité les éditeurs et les agents littéraires à rechercher d'autres voix issues de cultures non occidentales, enrichissant ainsi le canon littéraire mondial d'une plus grande diversité de perspectives et d'expériences. En substance, l'impact de Han Kang sur la littérature contemporaine mondiale témoigne du potentiel transformateur de la littérature pour élargir nos horizons, approfondir notre empathie et remettre en question nos idées préconçues sur l'expérience humaine. Par ses récits qui invitent à la réflexion et sa prose qui repousse les limites, Kang a laissé une marque indélébile sur le paysage en constante évolution de la littérature mondiale, et son héritage continue d'inspirer des générations d'écrivains et de lecteurs.

Défis rencontrés sur la scène mondiale

La transition de Han Kang vers la scène mondiale n'a pas été sans difficulté. Si son travail a été largement reconnu et acclamé, naviguer dans les méandres des cercles littéraires internationaux a présenté un ensemble d'obstacles différents. L'un de ces défis concerne les nuances de la traduction. Les romans de Kang ayant été traduits dans de nombreuses langues, le maintien de l'intégrité et de la beauté nuancée de sa prose est devenu une préoccupation majeure. Chaque langue a en effet sa propre cadence et ses propres particularités culturelles, ce qui représente une tâche redoutable pour les traducteurs, qui doivent saisir l'essence de l'écriture de Han Kang. En outre, les différences culturelles et les contextes historiques ajoutent des couches de complexité à la transposition de son œuvre, exigeant un équilibre délicat pour que l'impact recherché trouve un écho auprès de divers publics mondiaux.

Un autre défi notable découle de la diversité inhérente aux paysages littéraires mondiaux. Si certains thèmes de l'œuvre de Kang peuvent trouver un écho universel, d'autres nécessitent une compréhension contextuelle ou des connaissances historiques spécifiques à certaines régions. Cela nécessite une approche stratégique pour présenter l'œuvre de Kang de manière à préserver sa profondeur et sa résonance émotionnelle tout en favorisant un lien empathique avec les lecteurs de différentes cultures. De plus, le processus visant à établir une présence et à s'engager auprès des communautés littéraires internationales a posé des obstacles logistiques, notamment la coordination des apparitions publiques, des tournées de promotion des livres et des interviews dans différents fuseaux horaires et lieux géographiques. L'adaptation aux attentes et aux protocoles des scènes littéraires étrangères, chacune ayant ses propres coutumes et conventions, a exigé une approche réfléchie et flexible. En outre, le franchi ssement des barrières linguistiques et culturelles qui prévalent dans les industries de l'édition du monde entier a représenté un autre défi, nécessitant une compréhension astucieuse des nuances du marché et des préférences des lecteurs. Malgré ces difficultés, le dévouement sans faille de Han Kang à son art et sa volonté de s'engager dans les complexités de la scène mondiale lui ont permis de surmonter ces obstacles, enrichissant ainsi la tapisserie de la littérature mondiale contemporaine.

Perspectives et projets internationaux futurs

Alors que l'influence littéraire de Han Kang continue de résonner sur la scène mondiale, il est essentiel d'évaluer les perspectives d'avenir et les projets potentiels qui pourraient consolider davantage sa position de figure de proue de la littérature internationale. À l'avenir, plusieurs pistes clés pourraient permettre à Han Kang d'étendre sa portée et son impact. Tout d'abord, la perspective d'explorer de nouveaux thèmes et récits qui trouvent un écho auprès d'un public mondial plus large est très prometteuse. En se plongeant dans les expériences et les émotions humaines universelles, Han Kang peut continuer à captiver des lectorats divers à travers les continents. De plus, l'exploration de projets collaboratifs avec des auteurs et des artistes internationaux peut offrir des opportunités uniques d'échange interculturel et de créativité.

Cette approche enrichit non seulement la profondeur du répertoire littéraire de Han Kang, mais favorise également le dialogue et la compréhension interculturels. Par ailleurs, l'exploitation des plateformes numériques et des technologies émergentes offre des perspectives intéressantes pour s'adresser à un public mondial. Grâce à des événements littéraires virtuels, des ateliers en ligne et des discussions interactives, Han Kang peut entrer en contact avec des lecteurs aux quatre coins du monde, favorisant ainsi un sentiment de communauté et une appréciation littéraire partagée. Par ailleurs, il pourrait être intéressant de traduire ses œuvres dans des langues et dialectes moins connus, ce qui permettrait d'attirer de nouveaux lecteurs et d'étendre la portée de ses récits puissants à des territoires jusqu'alors inexplorés. Cette approche proactive de la diversité linguistique s'inscrit dans l'engagement de Han Kang à combler les fossés culturels et à élargir l'accessibilité de ses contributions littéraires.

Enfin, la mise en place d'initiatives ou de fondations littéraires internationales visant à encourager les écrivains émergents et à promouvoir les échanges littéraires interculturels représente une entreprise passionnante pour Han Kang. En soutenant et en encadrant des voix émergentes d'horizons divers, elle peut contribuer à la constitution d'un paysage littéraire mondial plus inclusif et plus dynamique. Ces perspectives et ces efforts tournés vers l'avenir soulignent l'engagement durable de Han Kang à transcender les frontières et à enrichir le discours littéraire mondial. Alors qu'elle continue de naviguer entre les complexités et les opportunités de la scène mondiale, son dévouement inébranlable à la narration et au dialogue interculturel promet un avenir riche en collaborations marquantes et en réalisations littéraires retentissantes.

17

Conclusion

L'héritage de Han Kang et l'avenir de son influence littéraire

Résumé des réalisations littéraires de Han Kang

Ses contributions à la littérature sud-coréenne contemporaine sont profondes et d'une grande portée, ce qui fait d'elle une figure transformatrice du paysage littéraire. Ses réalisations littéraires englobent une œuvre riche et diversifiée qui a été largement saluée et reconnue au niveau international. Commençant par son œuvre fondatrice, La végétarienne, l'exploration par Han Kang de la conscience humaine, des normes sociétales et de l'action individuelle l'a imposée comme une voix majeure dans le domaine de la fiction littéraire. Dans son roman, l'auteure explore la rébellion non conventionnelle d'une femme contre les attentes culturelles et met en lumière les thèmes de l'autonomie, de l'identité et de la conformité sociale. Ce succès précoce a propulsé Han Kang sous les feux de la rampe et a ouvert la voie à une carrière remarquable caractérisée par l'innovation et l'audace narrative. Ses œuvres suivantes, telles que Actes humains et Le livre blanc, ont encore renforcé sa réputation d'écrivaine qui n'a pas peur d'aborder des sujets complexes avec une perspicacité et une résonance émotionnelle percutantes. Actes humains aborde les réalités déchirantes du soulèvement de Gwangju, tissant des récits de perte, de traumatisme et de mémoire collective dans une tapisserie obsédante. Pendant ce temps, Le livre blanc explore les explorations intimes du deuil, de la perte et du pouvoir rédempteur de l'amour, mettant en valeur la polyvalence de Han Kang et sa capacité à captiver le public avec une prose lyrique et une profonde introspection.

Les réalisations littéraires de Han Kang vont au-delà des œuvres individuelles, car son influence sur les écrivains émergents et son rôle dans l'élaboration du discours contemporain ne peuvent être sous-estimés. Sa volonté d'affronter des vérités difficiles, de remettre en question les conventions narratives et de brouiller les frontières entre réalité et imagination a laissé une marque indélébile dans le monde littéraire, inspirant une nouvelle génération d'auteurs à repousser les limites de leur art. De plus, sa capacité à insuffler des thèmes universels avec une sensibilité indéniablement coréenne a permis de combler les fossés culturels et d'enrichir les conversations littéraires mondiales. En tant qu'auteure qui repousse continuellement les limites, l'héritage de Han Kang est non seulement assuré, mais également prêt à façonner la trajectoire future de la littérature, tant en Corée du Sud que sur la scène internationale.

Impact sur la littérature contemporaine sud-coréenne

L'influence de Han Kang sur la littérature sud-coréenne contemporaine est profonde et multiforme, imprégnant le paysage littéraire de ses récits innovants et évocateurs. À travers ses œuvres acclamées par la critique telles que « La végétarienne», « Actes humains » et « Le livre blanc », Kang a redéfini les frontières de la littérature coréenne, inaugurant une nouvelle ère d'écriture introspective et socialement engagée.

Son exploration de thèmes tels que le traumatisme, la mémoire et la condition humaine trouve un profond écho auprès des lecteurs et de ses collègues écrivains, suscitant d'importantes conversations sur l'histoire collective et les expériences individuelles. La capacité de Kang à naviguer entre des émotions complexes et des paysages psychologiques a inspiré une nouvelle génération d'auteurs coréens, les encourageant à se plonger dans leur propre histoire culturelle et personnelle avec honnêteté et courage.

De plus, l'attention méticuleuse que Kang porte à la langue et à la forme a élevé l'art de la narration en Corée du Sud, établissant un haut niveau d'excellence littéraire. Sa prose nuancée et son style lyrique ont démontré le pouvoir des mots à évoquer des expériences sensorielles et à provoquer l'introspection, influençant les choix stylistiques des écrivains émergents et enrichissant la tapisserie littéraire globale du pays.

En plus de façonner l'expression artistique en Corée du Sud, Han Kang a également contribué à élargir la visibilité internationale de la littérature coréenne. Ses œuvres, qui abordent de manière complexe des thèmes universels avec une sensibilité coréenne distincte, ont suscité l'enthousiasme et l'intérêt des lecteurs du monde entier. En transcendant les frontières culturelles et en offrant un aperçu poignant de la psyché humaine, Kang a ouvert la voie à une meilleure appréciation et compréhension des traditions littéraires coréennes à l'échelle mondiale.

Avec son exploration persistante des complexités de l'existence humaine et de l'interaction des histoires personnelles et collectives, Han Kang continue de jouer un rôle majeur dans l'évolution de la littérature sud-coréenne contemporaine, marquant de son empreinte le canon littéraire tout en inspirant les futures générations d'écrivains à explorer sans crainte les profondeurs de leur créativité et à contribuer au récit de leur héritage culturel.

Reconnaissance mondiale et accueil international

Les prouesses littéraires de Han Kang ont transcendé les frontières nationales, captivant les lecteurs et les critiques du monde entier. L'accueil international de ses œuvres a été tout simplement remarquable, et les a consacrées comme une figure éminente de la littérature mondiale. Ses romans, en particulier La Végétarienne et Actes humains, ont suscité un vif intérêt, lui valant des éloges et des traductions dans de nombreuses langues. Cette reconnaissance internationale a contribué à mieux faire comprendre et apprécier la littérature sud-coréenne sur la scène mondiale. L'exploration perspicace par Han Kang de thèmes universels tels que la souffrance humaine, les traumatismes et la résilience trouve un écho profond auprès de lecteurs d'horizons culturels divers, favorisant le dialogue interculturel et l'empathie.

Il est évident que ses récits perspicaces transcendent les barrières linguistiques et culturelles, offrant un aperçu profond de l'expérience humaine qui dépasse les frontières géographiques. De plus, sa capacité à tisser des récits riches et complexes lui a valu un public fidèle en dehors de la Corée du Sud ; les lecteurs attendent avec impatience chaque nouvelle publication. En plus d'être acclamées par la critique, les contributions littéraires de Han Kang ont suscité des débats dans les milieux universitaires du monde entier, ouvrant la voie à des discussions sur la traduction, le postcolonialisme et la représentation.

Sa prose, qui suscite la réflexion, a ravivé l'intérêt pour la littérature sud-coréenne, mettant en lumière des voix marginalisées et des vérités historiques. Alors qu'elle continue de recevoir les éloges et le respect au-delà des frontières de son pays natal, Han Kang reste une ambassadrice influente de la littérature coréenne, comblant sans cesse le fossé entre les cultures et favorisant la compréhension mutuelle. La résonance internationale de son œuvre témoigne du pouvoir des récits à susciter l'empathie et à provoquer la réflexion, transcendant les frontières géographiques et enrichissant le paysage littéraire mondial.

Elle a également eu une influence majeure sur les écrivains émergents

L'influence profonde de Han Kang sur les écrivains émergents s'étend bien au-delà des frontières de la littérature sud-coréenne contemporaine, transcendant les limites géographiques et culturelles pour façonner les aspirations et les efforts créatifs d'une cohorte mondiale de talents littéraires. Ses œuvres, saluées par la critique internationale et ayant trouvé un écho auprès de publics divers, ont servi de sources d'inspiration pour les écrivains en herbe aux prises avec leurs propres contextes sociopolitiques et récits personnels. L'exploration authentique et sans faille de l'expérience humaine dans l'œuvre de Kang a offert aux écrivains émergents une leçon de maître pour aborder des thèmes universels avec nuance et profondeur émotionnelle. En plongeant dans les complexités du traumatisme, de la résilience et des nuances de l'action individuelle, l'écriture de Kang a permis à une nouvelle génération d'auteurs d'affronter leur propre histoire et leur propre culture avec courage et franchise.

De plus, l'approche expérimentale de Kang en matière de forme et de structure a encouragé les écrivains émergents à repousser leurs limites et à défier les normes conventionnelles. Elle les incitait également à explorer des façons innovantes de raconter des histoires. Sa navigation intrépide à travers des paysages psychologiques et des motifs allégoriques a libéré les auteurs en herbe des moules traditionnels, les incitant à adopter des voix et des techniques narratives idiosyncrasiques. De plus, sa maîtrise de la langue et de l'imagerie a établi une norme élevée pour les écrivains en herbe, les mettant au défi de cultiver une sensibilité aux subtilités de la prose et au pouvoir évocateur du symbolisme.

L'accessibilité et la proximité des récits de Han Kang ont également motivé les écrivains émergents à insuffler à leurs propres histoires un sentiment d'universalité, en franchissant les barrières culturelles et linguistiques pour susciter l'empathie et la compréhension chez des lecteurs d'horizons divers. Cette résonance interculturelle a permis aux écrivains émergents de reconnaître le potentiel de leurs œuvres pour favoriser les liens et les dialogues qui transcendent les frontières et favorisent une expérience humaine partagée.

En substance, l'influence de Han Kang sur les écrivains émergents se manifeste dans l'élargissement des horizons de la littérature mondiale, alors qu'une nouvelle vague de conteurs émerge, stimulée par sa créativité intrépide et son engagement inébranlable à révéler la profondeur de l'esprit humain.

Thèmes interculturels et récits universels

Les œuvres littéraires de Han Kang trouvent un écho auprès des lecteurs de toutes les cultures en raison des thèmes universels et des récits profonds qu'elle explore. À travers ses récits évocateurs, Kang plonge dans les profondeurs de l'expérience humaine et aborde des aspects fondamentaux de la vie, de l'amour, de la perte et de la résilience qui transcendent les frontières culturelles. L'un des aspects les plus fascinants de son écriture est sa capacité à évoquer les émotions et les difficultés communes qui relient les individus du monde entier. Qu'il s'agisse de l'exploration d'un traumatisme, de la recherche d'identité ou des complexités des relations humaines, Kang tisse habilement une tapisserie d'expériences qui séduisent les lecteurs de divers horizons et traditions.

De plus, l'exploration par Kang de thèmes interculturels reflète l'interdépendance de la communauté mondiale. Sa représentation de personnages aux prises avec les attentes de la société, la volonté personnelle et les questions existentielles rappelle de manière poignante les fils communs qui tissent la trame de l'humanité. En plongeant dans les complexités de la condition humaine, Kang invite les lecteurs à réfléchir à leurs propres expériences, tout en favorisant l'empathie et la compréhension des autres, indépendamment des divisions culturelles ou géographiques.

De plus, les récits de Kang font souvent le lien entre le passé et le présent, mettant en lumière des événements historiques et des souvenirs collectifs qui ont des répercussions sur la société contemporaine. Cette imbrication de l'histoire et des récits personnels offre une perspective qui suscite la réflexion et permet aux lecteurs de réfléchir à l'impact des forces sociopolitiques plus larges sur la vie des individus. Sa capacité à transmettre ces récits interculturels nuancés avec sensibilité et profondeur renforce encore sa position d'écrivaine dont l'œuvre transcende les frontières et trouve un écho auprès d'un public à l'échelle mondiale.

L'exploration par Han Kang de récits universels souligne le pouvoir de la littérature en tant que force unificatrice, permettant aux lecteurs de trouver un terrain d'entente dans les aspects les plus profonds de l'existence humaine. Les thèmes de l'amour, de la souffrance, de la rédemption et de la résilience humaine sont dépeints avec une telle authenticité et une telle profondeur émotionnelle qu'ils suscitent des réactions puissantes chez les lecteurs de divers horizons culturels. À travers ses récits, Han Kang démontre que si les contextes peuvent différer, les émotions et les aspirations fondamentales qui façonnent notre humanité restent remarquablement cohérentes.

Dans le domaine de la littérature contemporaine, peu d'écrivains parviennent à une telle résonance au-delà des frontières culturelles et géographiques. La capacité de Han Kang à articuler des récits universels au sein de la spécificité de la culture coréenne enrichit non seulement le paysage littéraire, mais favorise également une meilleure compréhension et une plus grande empathie entre les lecteurs du monde entier.

Innovation dans les formes et les styles littéraires

La contribution de Han Kang au paysage littéraire va au-delà du contenu thématique de son œuvre pour englober l'innovation dans la forme et le style. Tout au long de sa carrière d'écrivaine, Kang a fait preuve d'une remarquable capacité à expérimenter avec les structures narratives, l'usage de la langue et les conventions de genre, repoussant les limites de la narration traditionnelle. Dans « La végétarienne », par exemple, Kang utilise une technique narrative fragmentée qui reflète la psyché fracturée du protagoniste, créant une expérience de lecture obsédante et désorientante qui plonge le public dans la tourmente intérieure du personnage. Cette rupture avec la narration linéaire sert non seulement les nuances thématiques du roman, mais met également en évidence la volonté de Kang de défier les normes conventionnelles. Dans Actes humains, elle manœuvre habilement entre différentes perspectives, tissant ensemble une tapisserie de voix et de chronologies pour construire une représentation à multiples facettes d'un traumatisme historique. Cette approche polyphonique enrichit non seulement la texture narrative, mais souligne également la prouesse de Kang dans l'utilisation de diverses techniques narratives.

Au-delà de la structure narrative, Kang montre également un penchant pour l'expérimentation linguistique. Dans Le livre blanc, sa prose lyrique est imprégnée d'une richesse sensorielle, évoquant une qualité poétique et méditative qui transcende la fiction traditionnelle. L'interaction entre la lumière et l'ombre, l'exploration du symbolisme des couleurs et l'absence de divisions en chapitres contribuent à une expérience de lecture non conventionnelle, mais profondément immersive. Les choix stylistiques distincts de Kang élèvent l'acte de lecture à une rencontre presque sensorielle, invitant les lecteurs à s'engager dans son travail à un niveau viscéral.

Ce qui distingue Han Kang en tant qu'innovatrice littéraire, c'est son mélange homogène de genres et de formes. Ses récits, qui défient les genres, se situent à la frontière entre la fiction et la non-fiction, brouillant les frontières entre la réalité et l'imagination. En entrelaçant des éléments de mémoire, de biographie et d'allégorie, Han Kang construit des tapisseries littéraires complexes qui défient toute catégorisation, invitant les lecteurs à se lancer dans un voyage qui transcende les paradigmes traditionnels de la narration. Cette expérimentation audacieuse de la forme et du style fait de Han Kang non seulement une pionnière de la littérature contemporaine, mais aussi une figure qui ouvre la voie à de nouvelles générations d'écrivains qui exploreront de nouveaux horizons narratifs. Alors que Han Kang continue de repousser les limites de l'expression littéraire, ses formes et ses styles innovants laisseront sans aucun doute une empreinte indélébile sur le paysage en constante évolution de la littérature mondiale.

Orientations futures de l'œuvre de Han Kang

La trajectoire littéraire de Han Kang continue de captiver les lecteurs et les critiques, alors qu'elle explore de nouveaux voyages créatifs reflétant sa profonde compréhension des expériences humaines. L'avenir de l'œuvre de Han Kang s'annonce riche en nouvelles expérimentations avec les structures narratives, le mélange des genres et le dépassement des limites de l'expression littéraire. Elle pourrait explorer la convergence de la fiction et de la non-fiction en puisant dans des éléments autobiographiques entrelacés avec une narration imaginative pour créer un récit profondément personnel mais universel. De plus, l'incorporation d'éléments multimédias tels que des arts visuels ou des composants numériques pourrait élargir les dimensions de ses œuvres littéraires, offrant ainsi aux lecteurs des expériences immersives. Par ailleurs, elle pourrait évoluer vers des projets collaboratifs impliquant d'autres artistes, où la fusion de la littérature avec d'autres formes d'art enrichit le processus narratif.

La voix et les préoccupations thématiques distinctes de Han Kang laissent présager une exploration des enjeux mondiaux, embrassant divers paysages culturels et amplifiant les voix sous-représentées. Son éventuel engagement envers les enjeux environnementaux, les bouleversements sociopolitiques ou les avancées technologiques pourrait insuffler une pertinence contemporaine à ses récits et favoriser des liens plus profonds avec les publics du monde entier. Par ailleurs, l'évolution de son écriture témoigne d'une exploration méticuleuse des identités hybrides, des rencontres interculturelles et des complexités de l'appartenance dans un monde interconnecté.

Naviguant à la croisée de la tradition et de la modernité, les œuvres futures de Han Kang sont appelées à éclairer les nuances complexes de l'existence humaine dans une société en mutation rapide. Son prochain projet littéraire est très attendu, car il s'annonce comme une exploration inédite du récit et de la réflexion, et laissera sans aucun doute une empreinte indélébile sur la scène littéraire.

Le rôle de Han Kang dans la formation des discours littéraires

En tant que sommité littéraire, elle a joué un rôle déterminant dans la formation et l'enrichissement des discours littéraires contemporains, non seulement en Corée du Sud, mais aussi sur la scène mondiale. Ses explorations profondes et évocatrices de l'expérience humaine, des traumatismes et de la mémoire ont contribué à un changement de paradigme dans la façon dont nous percevons la littérature et notre relation avec elle. L'approche audacieuse et inébranlable de Kang pour aborder des thèmes complexes repousse les limites de l'expression littéraire et ouvre de nouvelles voies de dialogue et de réflexion. Grâce à son mélange unique de lyrisme et d'intensité émotionnelle brute, elle a élevé le discours sur les luttes personnelles et collectives, mettant les lecteurs au défi de se confronter aux profondeurs de l'existence humaine.

De plus, l'expérimentation de Kang avec la forme et les structures narratives a révolutionné l'art de la narration, inspirant d'autres écrivains à repousser les limites des conventions littéraires traditionnelles. Sa volonté d'explorer des techniques non conventionnelles et avant-gardistes a revigoré le paysage littéraire, favorisant un esprit d'innovation et de créativité qui résonne à travers les générations. En déconstruisant et en réinventant la forme romanesque traditionnelle, Kang a ouvert la voie à une compréhension plus large et plus inclusive de ce que la littérature peut accomplir.

Han Kang joue par ailleurs un rôle majeur en tant qu'ambassadrice culturelle de la littérature sud-coréenne. À travers ses œuvres, elle a fait découvrir au public international la richesse de l'histoire, de la culture et de la dynamique sociétale coréennes, favorisant ainsi une meilleure compréhension et une plus grande empathie interculturelles. L'universalité poignante de ses récits transcende les frontières géographiques et culturelles, invitant des lecteurs d'horizons divers à participer à l'expérience humaine collective.

Tout aussi importante est l'habileté de Kang à aborder des questions sociopolitiques urgentes dans ses récits, offrant des commentaires incisifs sur la dynamique du pouvoir, les rôles de genre et l'impact durable des traumatismes historiques. Son engagement courageux dans ces discours critiques fait d'elle une leader d'opinion dans les conversations littéraires contemporaines, incitant les lecteurs à s'interroger et à réfléchir aux complexités de notre monde moderne.

En résumé, l'empreinte indélébile de Han Kang sur les discours littéraires réside dans sa capacité à traverser les domaines du personnel et de l'universel, de l'historique et du contemporain, du conventionnel et de l'avant-garde. Ses contributions ont non seulement enrichi le canon littéraire, mais ont également créé un précédent pour les futures générations d'écrivains, les incitant à adopter des récits audacieux, des explorations thématiques intrépides et un engagement inébranlable à repousser les frontières de l'expression littéraire.

La pertinence durable de ses thèmes et motifs

L'exploration de ces thèmes et motifs dans les œuvres littéraires de Han Kang transcende les frontières temporelles et géographiques, et trouve un écho profond auprès de publics issus de divers horizons culturels. La nature poignante et universelle de ses récits suscite des réactions émotionnelles à la fois intimes et profondes. L'un des thèmes récurrents des récits de Kang est l'expérience humaine : les complexités de l'existence, la fragilité de la vie et les subtilités des relations humaines. En explorant les profondeurs de l'émotion et de la psychologie humaines, Kang crée des récits qui offrent une compréhension nuancée de la condition humaine, incitant les lecteurs à l'introspection et à l'empathie. De plus, sa représentation du traumatisme, du deuil et de la résilience souligne la pertinence durable de ces thèmes dans la navigation de l'expérience humaine au milieu de l'adversité.

La capacité de Kang à imprégner ses récits de thèmes aussi intemporels garantit que son travail restera toujours essentiel pour éclairer les expériences communes de l'humanité. Par ailleurs, le motif de l'identité et de la découverte de soi imprègne l'ensemble de l'œuvre de Kang, invitant les lecteurs à contempler la nature fluide et énigmatique de l'identité personnelle. Ses personnages sont aux prises avec des questions d'identité, de mémoire et de l'impact des constructions sociétales sur l'autonomie individuelle, enrichissant ainsi le discours sur la contemplation existentielle et la recherche de sens.

Enfin, l'habileté de Kang à entrelacer contextes historiques et récits personnels dévoile l'interdépendance du passé et du présent, et met en lumière les répercussions durables de l'histoire sur la dynamique contemporaine. Son approche nuancée des considérations historiques crée un cadre à travers lequel les lecteurs peuvent saisir l'importance durable des héritages historiques et leur influence sur les identités individuelles et collectives. La résonance de ces explorations thématiques souligne la pertinence inébranlable des écrits de Kang, nous rappelant la véracité intemporelle et l'universalité des expériences humaines. Grâce à sa maîtrise des thèmes et des motifs, Han Kang s'impose comme une figure de proue de la littérature contemporaine, offrant aux lecteurs un paysage littéraire profond et durable à parcourir et à contempler.

Réflexions finales sur son héritage durable

L'héritage durable de Han Kang transcende les frontières du temps et de l'espace, s'étendant au-delà du domaine littéraire pour façonner profondément la conscience collective. Lorsque nous contemplons l'impact durable de son œuvre, il devient évident que les thèmes et les motifs de Han Kang continuent de résonner auprès du public contemporain, explorant les complexités de l'existence humaine avec une profondeur et des nuances inégalées. L'exploration viscérale du traumatisme, de la mémoire et de la condition humaine témoigne de manière indélébile de sa capacité à sonder les profondeurs de la psyché humaine, laissant une marque indélébile sur le paysage littéraire.

De plus, l'héritage de Han Kang se manifeste dans la manière dont elle a inspiré une nouvelle génération d'écrivains, tant en Corée du Sud qu'à travers le monde, à repousser les limites de la narration et à remettre en question les structures narratives conventionnelles. Son expérimentation audacieuse de la forme et du style a ouvert la voie à des approches novatrices de la littérature, favorisant une riche mosaïque de voix et de perspectives diverses. Par son courage inébranlable face à des sujets difficiles et son engagement indéfectible envers l'intégrité artistique, Han Kang a créé un précédent pour les futures générations d'écrivains qui exploreront sans crainte les territoires inexplorés de l'expérience humaine.

Au-delà du domaine de la littérature, l'héritage de Han Kang se répercute dans ceux du discours social et culturel, suscitant des conversations sur des questions vitales telles que la santé mentale, la dynamique des genres et les bilans historiques. En plongeant les lecteurs dans des récits qui dissèquent le tissu des normes sociétales et de la mémoire collective, Han Kang nous invite à affronter des vérités dérangeantes et à remettre en question les cadres établis. Son œuvre suscite l'introspection et l'empathie, nous mettant au défi de traverser les couloirs de notre propre conscience et de nous confronter aux questions fondamentales qui définissent notre humanité.

Pour l'avenir, l'héritage durable de Han Kang nous propulse vers un avenir riche de possibilités, où son influence littéraire continue de catalyser de profondes transformations dans le paysage de l'écriture contemporaine.

L'universalité de ses thèmes garantit que son héritage perdurera à travers les générations et résonnera auprès de lecteurs du monde entier, transcendant les barrières linguistiques et culturelles. Alors que ses mots continuent de résonner à travers le temps, l'héritage durable de Han Kang reste un témoignage immuable du pouvoir durable de la littérature à susciter le dialogue, évoquer l'empathie et forger des liens profonds à travers la tapisserie de l'humanité.

Bibliographie sélective

LES PRIX

Lauréate du concours littéraire de printemps du Seoul Shinmun, 1994, pour « Red Anchor » ;

Lauréate du Hankook Ilbo Excellent Writer's Award, 1995 ;

Lauréate du Korean Novel Award, 1999, pour la novella Baby Buddha ;

Today's Young Artist Award, ministère de la culture et du tourisme, 2000 ;

Grand prix du Yi Sang Literary Award, 2005 ;

Dong-ni Literary Award, 2010, pour Breath Fighting ;

Prix littéraire Manhae, 2014, et prix Malaparte, 2017, tous deux pour Actes humains ;

Prix littéraire Hwang Sun-won, 2015 ;

Man Booker International Prize, 2016,

Prix Malaparte, 2017, et prix San Clemete, 2019, tous pour La végétarienne;

Prix Médicis étranger, 2023 ;

Prix Nobel de littérature, Académie royale des sciences de Suède, 2024 ;

Prix Émile Guimet de littérature asiatique, 2024, pour We Do Not Part.

Œuvres de Han Kang traduites et publiées en France

Han, K. (2014). "Pars, le vent se lève" (Lee Tae-yeon et Geneviève Roux-Faucard, Trad.). Fuveau : Decrescenzo.

Han, K. (2016). "La Végétarienne" (Jeong Eun-Jin et Jacques Batilliot, Trad.). La Tour d'Aigues : Serpent à Plumes.

Han, K. (2016). "Celui qui revient" (Jeong Eun-Jin et Jacques Batilliot, Trad.). La Tour d'Aigues : Serpent à Plumes.

Han, K. (2017). "Leçons de grec" (Jeong Eun-Jin et Jacques Batilliot, Trad.). La Tour d'Aigues : Serpent à Plumes.

Han, K. (2018). " Livre Blanc" (Jeong Eun-Jin et Jacques Batilliot, Trad.). La Tour d'Aigues : Serpent à Plumes.

Han, K. (2023). "Impossibles adieux" (Kyungran Choi et Pierre Bisiou, Trad.). Paris : Bernard Grasset.

Celui qui revient (2024). Traduit du COREEN par JEONG EUN-JIN et Jacques Batilliot. Le livre de poche.

Leçons de Grec. (2025) Traduit du COREEN par JEONG EUN-JIN (Traduction conjointe de Jacques Batilliot). Le Livre de Poche.

Ces soirs rangés dans mon tiroir (2025). Traduit du COREEN par CHOI MIKYUNG (Traduction conjointe de Jean-Noël Juttet). Grasset.

De plus, une nouvelle de Han Kang a été incluse dans une anthologie :

Han, K. (2011). "Les Chiens au soleil couchant" dans "Cocktail Sugar et autres nouvelles de Corée" (Choi Mikyung et Jean-Noël Juttet, Dir. de la traduction). Paris : Zulma.

Anthologie:

"Les Chiens au soleil couchant" in *Cocktail Sugar et autres nouvelles de Corée* / traduction sous la direction de Choi Mikyung et Jean-Noël Juttet. – Paris : Zulma, 2011. – Traduction de: ☐☐☐☐ ☐☐☐ ☐☐ ☐☐☐☐ dans ☐ ☐☐☐ ☐☐

ADAPTATIONS AU CINEMA

Bébé bouddha et La végétarienne ont fait l'objet d'une adaptation cinématographique.

Vegetarian, 2009. Mise en scène par Lim Woo-Seong ; screenplay by Lim Woo-Seong. D'après *La végétarienne* by Han Kang.

Scars, 2011. Mise en scène par Lim Woo-Seong; screenplay by Lim Woo-Seong and Han Kang. D'après "Baby Buddha" by Han Kang.

LECTURES COMPLEMENTAIRES

PERIODIQUES

Asian Review of Books, April 26, 2016, Rosie Milne, review of *Actes humains.*

Booklist, February 15, 2016, Biz Hyzy, review of *La végétarienne*, p. 28.

Brooklyn Rail, May 1, 2023, Cat Woods, review of *Greek Lessons,* p. 98.

Economist, November 11, 2017, review of *Le livre blanc;* April 19, 2023, review of *Greek Lessons.*

Financial Times, December 30, 2015, Francesca Wade, review of *Actes humains.*

Guardian (London, England), January 24, 2015, Daniel Hahn, review of *La végétarienne ;* February 5, 2016, Claire Armitstead, "Han Kang" February 13, 2016, Eimear McBride, review of *Actes humains.*

Independent (London, England), January 10, 2015, Julia Pascal, review of *La végétarienne ;* December 30, 2015, Arifa Akbar, review of *Actes humains.*

Irish Times, January 30, 2016, Eileen Battersby, review of *Actes humains.*

Kirkus Reviews, November 1, 2015, review of *La végétarienne;* December 1, 2024, review of *We Do Not Part.*

National (Abu Dhabi, United Arab Emirates), January 14, 2016, Lucy Scholes, review of *Actes humains.*

New Internationalist, January 1, 2016, Jo Lateu, review of *Actes humains,* p. 42.

New Statesman, February 20, 2015, Joanna Walsh, review of *La végétarienne,* p. 51; January 22, 2016, Jane Shilling, review of *Actes humains,* p. 49; January 5, 2018, Megan Walsh, review of *Le livre blanc,* p. 42.

New York Times Book Review, February 2, 2016, Porochista Khakpour, review of *La végétarienne;* February 2, 2016, Alexandra Alter, review of *La végétarienne;* May 17, 2016, Alexandra Alter, "Han Kang Wins Man Booker International Prize for Fiction with *La végétarienne;*" March 3, 2019, Katie Kitamura, review of *Le livre blanc,* p. 8; April 23, 2023, Idra Novey, review of *Greek Lessons,* p. 8.

Publishers Weekly, October 26, 2015, Gabe Habash, review of *La végétarienne,* p. 50; March 13, 2023, Elina Alter, "Language Barriers," p. 29.

Spectator, December 2, 2017, Claire Kohda Hazelton, review of *Le livre blanc,* p. 33; May 6, 2023, Francesca Peacock, review of *Greek Lessons,* p. 37.

Telegraph (London, England), January 5, 2016, Jonathan McAloon, review of *Actes humains.*

Washington Post Book World, January 20, 2016, Lisa Zeidner, review of *La végétarienne.*

White Review, March 1, 2016, Sarah Shin, author interview.

En ligne

BBC News, https://www.bbc.com/ (October 10, 2024), Annabel Rackham, "South Korea's Han Kang wins Nobel Literature Prize."

Booker Prizes website, https://thebookerprizes.com/ (July 28, 2023), author interview.

Daily Northwestern, https://dailynorthwestern.com/ (November 12, 2024), Alice Oh, "Han Kang Is First South Korean Writer to Win 2024 Nobel Prize in Literature with *La végétarienne*."

Flavorwire, http://flavorwire.com/ (May 17, 2016), Jonathon Sturgeon, "Han Kang's *La végétarienne* Deserves Its 2016 Man Booker International Prize for Fiction."

Han Kang website, https://han-kang.net (December 29, 2024).

Korea JoongAng Daily, https:// koreajoongangdaily.joins.com/ (December 7, 2024), Lee Jian, "Truths Will Be Spoken."

Nobel Prize website, https://www.nobelprize.org/ (December 29, 2024), author profile.

Slate, http://www.slate.com/ (February 3, 2016), Laura Miller, review of *La végétarienne*.

Yale Review, https://yalereview.org/ (December 29, 2024), "Why Han Kang's Nobel Matters." *

A hunger for truth: Nobel laureate Han Kang makes uncomfortable reading for the Korean authorities.

TLS. Times Literary Supplement, Oct. 18, 2024.

A world away from K-pop: Yoojin Grace Wuertz on Nobel laureate Han Kang.

TLS. Times Literary Supplement, Oct. 18, 2024.

Language of White Bones: The Secrets of Han Kang's Poetic Prose.

World Literature Today, Jan-Feb 2025.

Han Kang's latest novel 'We Do Not Part' unfolds somewhere between dreams and reality.

Weekend Edition Saturday, Jan. 18, 2025.

LANGUAGE BARRIERS: In Han Kang's Greek Lessons, words are never enough.

Publishers Weekly, Mar. 13, 2023.

Han Kang's Actes humains: Literary Testimony to Historical Blanks Created by State Violence.

The Midwest Quarterly, Fall 2022.

Four Asian voices

World Literature Today, May-August 2016.

Excess of Affect: In Translation

Hecate, Nov. 2016.

Notes on Contributors.

Azalea: Journal of Korean Literature & Culture, Annual 2024.

Man Group

Poets & Writers Magazine, July-August 2012.

Overview: *La végétarienne*

For Students Academic Collection, 2024.

Booker Prize Foundation

Poets & Writers Magazine, September-October 2018.

www.ingramcontent.com/pod-product-compliance
Lightning Source LLC
Chambersburg PA
CBHW030109010526
44116CB00005B/160